DAILY
法学選書

デイリー法学選書編修委員会［編］

相続法大改正！

新しい相続・遺産分割のしくみ

三省堂

はじめに

　2016年に国税庁が発表した「相続税の申告状況についての統計」によると、相続税を納付する人は、亡くなった人100人のうち、わずか8人程度にすぎません。この数字をみる限りでは、「相続問題はごく一部の資産家の人の話なのではないか」と思う人もいるかもしれません。しかし、相続税の納付が不要な場合も、財産を親や兄弟と分けるとなると、途端に利害関係が対立し、以前の仲が良かった親族関係に亀裂が入り、トラブルに発展する場合があります。また、たとえば、認知症の妻の将来が心配である場合には、夫は、妻に多くの財産を遺し、子が妻の面倒を見ること、という内容の遺言書を作成しておくことが有効です。

　このように、円滑に相続手続きを進めていくために、最低限の法律知識や手続きを、きちんと理解しておく必要があります。

　本書では、相続に関する基本的な知識と、必要な手続きについて知識のない人でも読めるように解説することを心がけました。配偶者居住権の新設や、自筆証書遺言の要件緩和など、多くの人に影響を与える、2018年相続法改正の内容にも対応しています。

　第1章では、人の死亡後から、さまざまな相続手続きを時系列に沿って取り上げました。第2章では、相続人の範囲や特別受益・寄与分などの、財産分けの基本的なルールを解説しています。第3章では遺言書のある場合を想定し、遺言の種類や遺留分などの知識について解説しました。第4章では、遺産分割協議について基本事項や手続きを解説しています。預貯金の仮払い制度や遺産分割協議書、財産目録についても取り上げています。第5章では、相続登記のしくみや必要書類の書き方を解説し、第6章では、相続財産の評価、相続税、贈与税の算出方法、申告方法について解説しています。

　本書を広く、皆様のお役に立てていただければ幸いです。

デイリー法学選書編修委員会

Contents

はじめに

第1章　人の死亡から相続手続きまでのタイムテーブル

相続手続きの全体像 　8
1　人が死亡したとき最低限行う手続き 　10
2　世帯主の変更や健康保険の手続き 　12
3　所得税の申告手続き 　16
4　健康保険の資格喪失や給付金の手続き 　18
5　年金受給停止や遺族年金の手続き 　20
6　金融機関での相続手続き 　24
7　祭祀・形見分け・葬式費用・弔慰金と相続 　26
8　株式や生命保険金、死亡退職金などの請求と手続き 　28
9　専門家への相談・依頼方法 　30
10　相続税対策 　32
Column　非上場会社の事業承継と相続 　36

第2章　相続と財産分けの基本ルール

図解 相続法改正のポイント 　38
1　相続トラブルはなぜ発生するのか 　40
2　相続人の範囲 　44
3　代襲相続 　50
4　相続権を失う場合 　52
5　相続するかどうか迷ったときの選択肢 　54
　　書式　相続放棄申述書記載例 　58
6　特別受益 　60
7　寄与分 　66
8　養子縁組 　72

9	内縁と相続	74
Column	死後離婚と相続	76

第3章　遺言の書き方と法律常識

1	遺贈	78
2	法定相続分を超える権利の承継と第三者	82
3	遺言書	84
	書式　遺言書の書き方	87
4	遺言書の種類	88
5	遺言の内容は法律で定められている	92
6	こんな遺言書には注意が必要	96
7	遺言の取消し	98
8	公正証書遺言の作成方法	100
9	自筆証書遺言	104
10	遺留分	108
11	遺留分が侵害された場合と遺留分の放棄	112
12	遺言書の検認	116
13	遺言執行者	118
Column	戸籍は相続関係の特定に必要	120

第4章　遺産分割の手続き

1	遺産分割の方法	122
2	遺産分割協議	126
3	遺産分割協議書と遺産の目録	130
	書式　遺産分割協議書記載例	132
	書式　遺産目録記載例	133
4	相続開始と銀行預金	134
5	配偶者の居住の権利	138
6	遺産分割調停・審判	142
	書式　遺産分割調停記載例	144

7	遺産分割以外の相続トラブル	146
Column	相続人の中に認知症の人や行方不明者がいる場合	148

第5章　相続登記のしくみ

1	相続登記が必要になる場合	150
2	登記申請の必要書類	152
	書式　相続分不存在証明書（特別受益証明書）記載例	155
	書式　登記申請書記載例	157
3	法定相続証明制度	158
	書式　法定相続情報一覧図記載例	159
4	登記手続きの流れ	160
Column	所有者不明の土地に関する相続登記の義務化	162

第6章　相続税・贈与税のしくみ

1	相続税のしくみ	164
2	相続財産の評価	166
3	不動産の評価	170
4	宅地の評価方法	172
5	小規模宅地等の特例	178
6	貸宅地や貸家などの評価	180
7	株式や公社債の評価	182
8	預金やゴルフ会員権の評価方法	184
9	生命保険金や死亡退職金と相続税	186
10	相続税額の計算	188
11	各人の相続税額の算出	190
12	贈与税のしくみ	194
13	贈与税の計算	196
14	相続時精算課税制度	200
15	贈与税の申告方法	202
16	相続税の申告方法	204

第1章

人の死亡から相続手続きまでのタイムテーブル

相続手続きの全体像

● おもな相続手続きのタイムスケジュール

死　亡（相続開始）

① 5日以内	健康保険の被保険者資格喪失届【本書第1章4】
② 7日以内	死亡届【本書第1章1】
③ 10日以内	厚生年金の受給者死亡届【本書第1章5】
④ 3か月以内	相続放棄・限定承認の申述【本書第2章5】 　相続人の確認【本書第2章2】 　遺言書の有無の確認・遺言書の検認 　【本書第3章12】 　保管された自筆証書遺言の確認【本書第3章9】 　相続財産の確認【本書第2章1】 　相続財産の評価【本書第6章2】
⑤ 4か月以内	所得税の準確定申告 （被相続人の1月1日から死亡日までの分） 【本書第1章3】
⑥ 10か月以内	遺産分割協議【本書第4章2・3】 相続税の申告・納付【本書第6章】 相続登記手続きなどの各種名義変更手続き 【本書第5章1など】
⑦ 1年以内	遺留分侵害額請求【本書第3章11】
⑧ 3年以内	生命保険金の請求【本書第6章9】

【　】：本書での該当箇所を示している

● おもな手続きの窓口・必要書類など

おもな手続き	担当窓口	期　限	おもな必要書類
死亡届	死亡者の住所地の市区町村役場		死亡診断書 など
健康保険・厚生年金の被保険者資格の喪失	健康保険窓口	5日以内（協会けんぽ・組合健保の場合）	被保険者資格喪失届 など
年金受給停止	年金事務所	10日以内（厚生年金の場合）	年金手帳など
相続人の確認	各種手続きの窓口		戸籍謄本 など
遺言書の検認	死亡者の住所地の家庭裁判所		遺言書 など
遺言書の保管制度	遺言者の住所地や遺言者所有の不動産の所在地を管轄する遺言書保管所（法務局）		遺言書情報証明書の交付請求書 など
相続放棄・限定承認	被相続人の住所地の家庭裁判所	3か月以内	申述書 など
所得税の申告・納付	被相続人の住所地の税務署	4か月以内	準確定申告書 など
相続税の申告・納付	被相続人の住所地の税務署	10か月以内	相続税申告書 など
不動産名義変更	不動産の所在地の法務局		所有権移転登記申請書 など
株式名義変更	証券会社など		株式名義書換請求書 など
公共料金名義変更	各種公共料金の窓口		各種申請書 など
預貯金名義変更	金融機関		依頼書 など
預貯金の仮払い制度	金融機関		戸籍謄本 など

1 人が死亡したとき最低限行う手続き

人が死亡した直後にしなければならないこと

　人が死亡した直後は、通夜や葬儀などの準備・手配や、親類や関係者への連絡などに加えて、さまざまな届出や手続きをしなければなりません。届出や手続きの中には、期限が定められているものがありますので、とくに期限が短いものから順番に行うようにしましょう。

　最初に必要になるのが、死亡診断書や死体検案書です。故人が診療中の病気やケガで死亡した場合は、臨終に立ち会った医師が死亡診断書を交付します。一方、不慮の事故など、診療中の病気やケガ以外の原因で死亡した場合は、監察医などが死体検案書を交付します。故人の死亡を知った日から7日以内に市区町村役場へ死亡届を提出することが必要ですが、この時に死亡診断書や死体検案書を添付します。

埋葬・火葬を行うために必要なこと

　故人の火葬を行うためには、市区町村役場の許可が必要です。火葬をする前に、死亡届と同時に火葬許可申請書を市区町村役場に提出して、火葬許可証の交付を受ける必要があります。

　火葬場において火葬が行われると、火葬許可証に火葬が行われたことを証明する印が押されます。この印が押された火葬許可証がそのまま埋葬許可証となり、納骨の際に必要になります。

通夜・葬儀・納骨などのための手続き

　弔事については、宗教や地域によってさまざまな執り行い方がありますが、ここでは一般的な仏式による手続きを説明します。

　弔事をどのように執り行うかについては、一般的に葬儀社と相談し

● 人が死亡した後の一般的なスケジュール

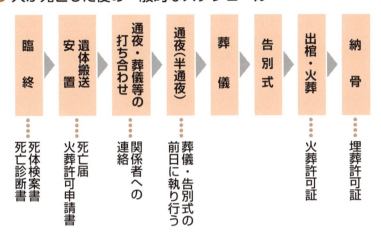

ながら、喪主や僧侶を誰にするか、斎場はどこにするか、通夜や葬儀・告別式の日時、場所について具体的に決めます。

　最初に執り行うのが通夜です。通夜は、遺族や親族などが故人と最後の夜を過ごす儀式です。基本的には、通夜は夜を徹して行われるものですが、最近では、夕方の時刻から数時間だけ執り行う半通夜が行われるケースが増えています。通夜は、故人が死亡した日の翌日の夜に行うことが一般的です。

　次に、通夜の翌日に行われるのが葬儀・告別式です。宗派により多少の違いはありますが、葬儀では、僧侶によって故人に戒名が授けられ、お経を唱えることで引導する儀式を行います。そして、葬儀が終わると、遺族、親族、一般弔問客（友人など）が故人に献花などをして、故人と最後の対面をする告別式を行います。

　葬儀・告別式が終わると、出棺して火葬場にて火葬をします。このときに、火葬場に火葬許可証を提出します。火葬が終わると、骨上げを行い、火葬場から埋葬許可証の交付を受けます。

　そして、一般的には四十九日の法要と合わせて納骨を行います。故人の遺骨を墓所に収める際に、埋葬許可証を墓所に提出します。

2 世帯主の変更や健康保険の手続き

さまざまな手続きをしなければならない

　人が死亡すると、弔事の他、故人が生前に契約していた関係を中心に、故人に関連するさまざまな関係の変更・解約をしなければなりません。

　また、生前の療養や葬儀等のために支出した費用については、手続きをすることで補助を受けることができる制度がありますので、あわせてそれらの手続きをするとよいでしょう。

　まず、葬儀等に支出した費用の補助として**葬祭費（埋葬費）の給付制度**があります。この制度は、故人が国民健康保険、健康保険、共済組合に加入している被保険者であった場合、葬儀等を行った人に給付金が支払われる制度です。申請には期限があり、葬儀等が行われた日の翌日から２年以内ですので注意が必要です。

　次に、故人の生前に支出した医療費の補助として**高額療養費制度**があります。この制度は１か月間に支払った医療費の個人負担額が高額になった場合、負担限度額を超えた分が払い戻される制度です。

手続きに必要になる戸籍謄本、住民票の写し、印鑑証明書

　人が死亡した後にしなければならない重要な手続きが**相続**です。相続の手続きをするときは、さまざまな証明書などが必要になりますので、事前に確認しておきましょう。

　最も使用頻度が高い証明書は、故人（被相続人）や相続人の**戸籍謄本**です。故人に関しては、出生から死亡までの連続した戸籍謄本が必要になりますので、故人が生前に婚姻などで転籍している場合は、転籍前の本籍があった市区町村で、除籍謄本や改製原戸籍を取得する必

● 公共料金等に関する手続き

種別	手続き内容	窓口	備考
電気・水道・ガス	変更・解約	各社	お客様番号を検針票等で確認
固定電話	承継・解約	NTT	承継の場合は戸籍謄本等を用意
携帯電話	承継・解約	各社	承継の場合は戸籍謄本等を用意
運転免許証	返納	警察署・運転免許センター	返納までの間、紛失しないよう管理

要があります。転籍の回数が多ければ、その分取得する戸籍も多くなります。これに対し、相続人に関しては、相続人全員の戸籍謄本が必要です。これは故人の戸籍謄本とは異なり、現在の戸籍謄本だけでかまいません。戸籍謄本（除籍謄本や改製原戸籍を含む）は郵送での取り寄せもできます。

　故人の住民票（除票）の写しが必要になることがあります。代表的な例としては、不動産の相続登記を申請する場合です。相続登記の申請の際は、登記簿上の所有者と故人とが同一人物であることを法務局に証明する必要があるためです。住民票（除票）の写しでは証明できない場合には、戸籍の附票の写しを求められることもあります。

　不動産の相続登記や、故人の銀行預金の払戻手続きのために遺産分割協議書を作成する場合、相続人の印鑑証明書（印鑑登録証明書）が必要になります。遺産分割協議書には相続人全員の実印を押印するため、相続人全員の印鑑証明書を取得する必要があります。

　なお、相続人に関する戸籍謄本や印鑑証明書などは、発行後3か月以内のものでないと受け付けてもらえない場合がありますので、取得するタイミングには注意が必要です。

世帯主の変更はどんな場合に必要になるのか

　故人が住民票の世帯主だった場合は、残された世帯員の人数や年齢などによって、世帯主の変更が必要になる場合があります。

　たとえば、残された世帯員が1人の場合か、残された世帯員が15歳未満の子どもと親権者1人だけの場合、世帯主の変更は必要ありません。これらの場合は、世帯主が自動的に決まるため、変更の手続きをする必要がないということです。

　世帯主の変更が必要になるのは、上記の2つを除いた場合です。つまり、残された世帯員が2人以上で、15歳以上の世帯員が複数いる場合です。新しい世帯主を決めた上で、故人が死亡した日から14日以内に、住民票のある市区町村役場に世帯主変更の届出をします。

電話・電気・ガスなど支払方法の変更や解約

　電気・ガス・水道など、故人が契約者になっている場合は、契約者の変更または解約の手続きをしましょう。とくに残された家族が故人と同居していて、これらの公共料金を故人の銀行口座から口座振替で支払っている場合、速やかに契約者の変更をすることが必要です。故人の銀行口座が凍結されたときに、公共料金の支払いができない状況となり、電気・ガス・水道などの供給が止まることがあるからです。

　電話については、**固定電話**がある場合は、故人が電話加入権を持っていたかどうかを確認しましょう。電話加入権は相続財産であるため、加入権を相続人が承継することができます。一方、固定電話を今後使用しない場合には、解約の手続きの他、利用休止や一時中断という手続きもあります。利用休止や一時中断を選択する例として、しばらくの間はその電話加入権を必要としないが、子どもが独り暮らしをはじめた際に子どもに譲りたいという場合が考えられます。利用休止は、最長10年間、電話加入権を預かってもらうことができ、その間の回線使用料は発生しません。ただし、再度電話を利用する際は、電話番

号が変更になります。一時中断は、毎月の回線使用料は発生しますが、無期限に電話加入権を預かってもらうことができます。電話の利用を再開する場合は、従前の電話番号を使用することができます。

　これに対し、故人が携帯電話を持っている場合、大手3社（NTTドコモ、KDDI、ソフトバンク）との契約については、解約することもできますし、家族（相続人）が契約を承継することもできます。大手3社以外（おもに格安SIMの会社）との契約については、故人の契約を承継することができないのが一般的ですので、解約のみとなります。

公共料金の名義変更や解約の手続き、運転免許証の返却

　公共料金の名義変更や解約の手続きについては、各会社の営業所に来店して手続きができる場合の他、各社のWebサイト上やFAXにより手続きができる場合もあります。いずれの場合も、故人のお客様番号や死亡した事実を証明する書類などが必要になります。とくにお客様番号については、公共料金の検針票または領収書に記載されている番号を事前に控えておくとよいでしょう。

　運転免許証については、返納期限は定められていませんので、さまざまな手続きが一段落してからでもかまいません。しかし、運転免許証は身分証明書にもなりますので、紛失すると悪用される危険性があります。返納をするまでは厳重に保管して、なるべく早めに最寄りの警察署や運転免許センターで手続きをしましょう。なお、運転免許証を生前に自主返納して、その代わりに運転経歴証明書を取得している場合もあります。この証明書は返納義務がありませんが、身分証明書になるものですので、取扱いには十分注意してください。

　返納手続きの際は、故人の運転免許証の他、死亡診断書あるいは故人の死亡した事実の記載がある戸籍（除籍）謄本が必要になります。

3 所得税の申告手続き

所得税の申告手続きはどうする

　故人が生前に確定申告の対象者で、死亡した年の1月1日から死亡日までの間に所得があった場合、相続人が税務署で確定申告の手続きをする必要があります。これを準確定申告といいます。通常の確定申告とは異なり、準確定申告は、相続人が、相続のあったことを知った日の翌日から4か月以内に、申告と納税をしなければなりません。

　準確定申告の対象者となるのは、個人事業主（自営業者）である場合、2か所以上から給与を受けていた場合、給与収入が2000万円を超えていた場合、給与所得や退職所得以外の所得が合計で20万円以上ある場合などです。これに対し、所得が給与所得のみであっても源泉徴収がされていた場合や、高額な医療費を支払っていた場合などは、申告をすることで還付を受けられることがあります。

　準確定申告をする際には、以下の点に注意しましょう。まずは、故人が前年分の確定申告書を提出しないまま死亡した場合です。この場合は、前年分と本年分をあわせて申告と納税をする必要があります。また、相続人が2人以上いる場合は、「死亡した者の〇年分の所得税及び復興特別所得税の確定申告書付表（確定申告書の付表）」に、相続人全員の氏名、住所、生年月日、相続分などを記載して、準確定申告書に添付して提出する必要があります。

　さらに、医療費控除や社会保険料・生命保険料の控除の適用を受ける場合にも注意が必要です。控除の対象となる金額は、死亡する日までに故人が支払った医療費や社会保険料・生命保険料です。入院費用の死亡後清算金など、故人が死亡した後に相続人などが支払った金額については控除の対象にはなりません。

● おもな準確定申告の対象者

1. 個人事業主（自営業者）であった場合
2. 2か所以上から給与を受けていた場合
3. 給与収入が2000万円を超えていた場合
4. 給与所得や退職所得以外の所得が合計で20万円以上あった場合
5. 同族会社の役員や親類であった場合で、給与の他に貸付金の利子や家賃などを受け取っていた場合
6. 医療費控除の対象となる高額の医療費を支払っていた場合

申告に必要な書類

　準確定申告に必要な書類には、常に必要となるものと場合によって必要となるものがあり、これらを故人（被相続人）の住所を管轄する税務署に提出します。

　常に必要となる書類は、準確定申告書と故人の年金や給与に関する源泉徴収票です。準確定申告をする際は、通常の確定申告と同じように「確定申告書」の用紙を使用します。確定申告書の用紙は、国税庁のホームページからダウンロードできます。

　場合によって必要となる書類には、相続人が2人以上いる場合に提出する準確定申告書の付表がありますが、この用紙も国税庁のホームページからダウンロードできます。さらに、社会保険料や生命保険料の控除の適用を受ける場合は、国民年金保険料控除証明書や生命保険料控除証明書の入手や国民健康保険料納付額の確認などの準備が必要です。医療費控除を受ける場合は、医療費などの領収書を用意します（明細書を提出すれば税務署への領収書の提出が不要になります）。

4 健康保険の資格喪失や給付金の手続き

健康保険の被保険者資格喪失の手続き

　健康保険の被保険者（加入者）が死亡した場合は、被保険者としての資格を喪失しますので、健康保険証（健康保険被保険者証）は死亡した日の翌日から使用することができなくなります。そのため、故人の相続人などが、被保険者資格喪失の届出を行う必要があります。なお、故人が後期高齢者医療制度の被保険者（原則75歳以上）であったときは、死亡届の提出により自動的に資格喪失となります。

　被保険者資格喪失の届出は、故人が協会けんぽ（全国健康保険協会）や組合健保の被保険者であった場合は、死亡した日から5日以内に、国民健康保険の被保険者であった場合は、死亡した日から14日以内に、被保険者資格喪失届を各健康保険の窓口に提出します。

埋葬費・埋葬料・葬祭費の申請をするには

　故人の埋葬にかかる費用の一部を埋葬を行う人に支給する一時金として、埋葬費・埋葬料・葬祭料と呼ばれるものがあります。これらは埋葬を行った日の翌日から2年以内に限り支給申請ができます。

　たとえば、協会けんぽの場合は、業務外の事由によって被保険者が死亡したときに、被保険者によって生計を維持されていた人で、埋葬を行う人に「埋葬料」として5万円が支給されます。一方、「埋葬料」を受けることができる人がいないときは、実際に埋葬を行う人に「埋葬費」として5万円の範囲で埋葬に要した実費が支給されます。死亡した人が被扶養者（被保険者の家族）であった場合は、被保険者に「家族埋葬料」として5万円が支給されます。

　国民健康保険や後期高齢者医療制度の場合は、被保険者が死亡した

● 健康保険の被保険者資格喪失の手続き

① 被保険者の死亡 翌日より使用不可 → 保険証

② 被保険者資格喪失の手続き
被保険者資格喪失届を提出

- 協会けんぽ・組合健保に加入していた場合
  ⇒死亡した日から5日以内
- 国民健康保険に加入していた場合
  ⇒死亡した日から14日以内

後期高齢者医療制度の被保険者（原則75歳以上）は、死亡すると自動的に資格を喪失するが、保険証の返還は必要である。
＊75歳以上は「全員」後期高齢者医療制度の加入者であるが、65歳以上で一定の障がいがある人は申請により加入できる

ときに、その住所のあった市区町村に申請すれば、実際に葬祭を行う人に「葬祭費」として1万円から7万円程度が支給されます。

申請方法は、被保険者の健康保険の窓口に、葬祭料（埋葬費）支給申請書を提出します。その際、保険証（被保険者資格喪失届の提出時に返却していない場合）、埋葬許可証や死亡診断書などのコピー、埋葬（葬儀）を行った事実を確認できる書類などを添付します。

高額療養費の支給をうけるには

医療費の負担ができるだけ家計に響かないよう、病院や薬局の窓口で支払う医療費が、ひと月（月の初めから終わりまで）で上限額を超えた場合、その超えた額が支給される制度を高額療養費制度といいます。上限額は収入や年齢により異なります。

高額療養費の申請は、被保険者が加入する健康保険の窓口に、高額療養費支給申請書を提出します。添付書類として、病院や薬局にかかった際の領収証や、被保険者の死亡により相続人が提出する場合には、被保険者との続柄がわかる戸籍謄本等が必要です。なお、診療月の翌月の1日から2年を経過すると申請できなくなる点に要注意です。

5 年金受給停止や遺族年金の手続き

年金受給停止の手続きを忘れずに

　国民年金や厚生年金の受給者が死亡した場合は、受給者と生計を同じくしていた遺族が、年金の受給を停止する手続きをしなければなりません。年金受給停止をしない限り、そのまま国民年金や厚生年金が死亡後も支給され続けることになりますが、これは**不正受給**です。

　その後、年金受給者の死亡が発覚した場合には、年金の返還が求められるとともに、懲役や罰金など処罰の対象になるため、必ず年金受給停止の手続きをすることを忘れないようにしましょう。

　年金受給停止の手続きは、故人の年金手帳、死亡の事実を明らかにできる書類（戸籍抄本、死亡診断書のコピーなど）を添付して、**年金受給権者死亡届（報告書）**を提出します。故人が厚生年金を受給していた場合は、死亡後10日以内に年金事務所（あるいは年金相談センター）に提出します。一方、国民年金（基礎年金）のみを受給していた場合は、死亡後14日以内に市区町村役場に提出します。

遺族は未支給年金や遺族年金を受給できることがある

　遺族は、死亡した家族の年金受給を停止するとともに、**未支給年金**を請求する必要があるかどうかも忘れずに確認しましょう。年金の支給（振込）は、偶数月に後払いされるしくみになっているため、年金受給停止の手続きをすると、故人が生存していた期間の年金も停止されてしまいます。そのため、年金受給停止の申請をした時期によっては、故人が生存していた期間の年金が受け取ることができない事態となるわけです。そのような事態を避けるため、故人と生計を同じくしていた遺族が未支給年金の給付を請求することを認めています。

● 遺族基礎年金の受給要件

故人の要件	① 国民年金の被保険者、あるいは老齢基礎年金の受給資格期間が25年以上ある ※ 遺族年金は「受給資格期間25年」であるが、老齢年金は「受給資格期間10年」に短縮されている。 ② 保険料納付済期間（免除期間を含む）が、加入期間の3分の2以上である ※ 2026年4月1日以前に死亡した場合、死亡日に65歳未満であれば、死亡月の前々月までの1年間に保険料の滞納がなければ受給可能
遺族の要件	① 故人によって生計を維持されていた子のある配偶者 ② 故人によって生計を維持されていた子 ※「子」は18歳到達年度の末日（3月31日）を経過していない子を指す。ただし、20歳未満の障害等級1級・2級の子も含む

　未支給年金を請求するためには、「未支給【年金・保険給付】請求書」に必要事項を記載した上で、故人の年金証書、故人と請求者との身分関係が確認できる書類（戸籍謄本など）、故人と請求者が生計を同じくしていた事実がわかる書類（住民票の写しなど）、受け取りを希望する金融機関の通帳などの添付書類といっしょに提出します。

　さらに、故人の遺族は、一定の要件を満たしていると、遺族年金を受給できる場合があります。遺族年金には、遺族基礎年金（国民年金）と遺族厚生年金（厚生年金保険）の2種類があります。故人が厚生年金保険の被保険者である場合は、国民年金の被保険者でもあることになるので、両方の遺族年金を受給できる余地があります。

　遺族基礎年金は、国民年金の被保険者が死亡した場合や、老齢基礎年金の受給資格期間が25年以上ある人（過去に被保険者であった人を想定しています）が死亡した場合に支給されます。ただし、故人が保険料を納付していたことが必要です。たとえば、保険料納付済期間（保険料免除期間を含む）が加入期間の3分の2以上あることが必要であるといった条件があります。

なお、受給資格期間とは、保険料納付期間、保険料免除期間、合算対象期間を合計した期間のことです。

これに対し、**遺族厚生年金**は、厚生年金保険の被保険者が死亡した場合、厚生年金の被保険者であった期間に患った病気やケガが原因で初めて病院の診察を受けた日から5年以内に死亡した場合、老齢厚生年金の受給資格期間が25年以上ある人が死亡した場合などに支給されます。ただし、故人が保険料を納付していたことが必要で、その条件は遺族基礎年金の場合とほぼ同じです。

その他、遺族年金の対象になる遺族の範囲は、遺族基礎年金と遺族厚生年金では異なります。たとえば、子どもがいない配偶者には、遺族基礎年金は支給されませんが、遺族厚生年金は支給される余地があります。両者の違いに注意しながら、支給要件を十分に確認しておく必要があります。

遺族年金はどのくらいもらえるのか

遺族基礎年金の年金額は、平成30年4月分より、779,300円と子がいる場合に加算される合計額になりました。子の加算額は、第1子と第2子がそれぞれ224,300円、第3子以降は1人あたり74,800円が加算されます。ただし、故人の子が遺族基礎年金を受給する場合には、子についての加算は第2子以降について行います。その場合、遺族基礎年金を受け取る第1子の分の遺族基礎年金として779,300円、第2子の分の加算は224,300円、第3子以降は1人あたり74,800円となります。

これに対して、遺族厚生年金の年金額は、平均標準報酬月額（あるいは平均標準報酬額）に一定の割合を掛け合わせるなどして算出するため、受給者ごとに受給額が異なり、受給額を算出するための計算式はとても複雑です。計算式に従って算出すると、死亡した被保険者の平均標準報酬月額が20万円であった場合、その妻のみが遺族厚生年

● **遺族厚生年金の受給要件**

故人の要件（①は⑴〜⑷のどれか1つを満たせばよい）	① ⑴ 厚生年金の被保険者である ⑵ 厚生年金保険の被保険者である期間中のケガや病気が原因で初診日から5年以内に死亡した ⑶ 障害等級1級あるいは2級の障害厚生年金を受けることができる ⑷ 老齢厚生年金の受給資格期間が25年以上ある ② 保険料納付期間（免除期間を含む）が加入期間の3分の2以上である ※2026年4月1日以前に死亡した場合、死亡日が65歳未満であれば、死亡月の前々月までの1年間に保険料の滞納がなければ受給可能
遺族の要件	① 故人によって生計が維持されていたこと ② 以下の受給順位がもっとも高い人に支給される 【第1順位】配偶者（夫は55歳以上）子（18歳到達年度の末日を経過していない子、あるいは20歳未満の障害等級1級・2級の子） 【第2順位】故人の父母（55歳以上） 【第3順位】故人の孫（子と同様の制限あり） 【第4順位】故人の祖父母（55歳以上）

金を受給するときは、年間で約32万円が支払われます。

その他、遺族厚生年金の経過的寡婦加算や、国民年金第1号被保険者に対する寡婦年金など、年金の制度設計は複雑であるため、最寄りの年金事務所や年金相談センターを活用し、遺族年金がもらえる可能性の有無や支給額について確認するようにしましょう。

遺族年金の手続きはどうする

遺族年金の請求先は、遺族基礎年金は故人（被保険者あるいは被保険者であった人）の住所地の市区町村役場、遺族厚生年金は年金事務所や街角の年金相談センターが原則です。年金請求書を提出する際、年金手帳、戸籍謄本、世帯全員の住民票の写しなど、多くの添付書類が必要になるため、請求前に確認してから提出しましょう。

6 金融機関での相続手続き

何からはじめたらよいのか

　故人（被相続人）が遺した相続財産に、銀行など金融機関の預金口座（ゆうちょ銀行などは貯金口座）が含まれている場合には、相続人同士による遺産分割の手続き以外にも、金融機関における手続きを済ませなければ、相続人は故人の預金を引き出すことができません。必要な手続きを把握しておくことが必要です。

　まず、銀行などに故人の名義の預金口座があることが判明した時点で、その口座がある金融機関にすぐに連絡しましょう。それによって、故人と金融機関との間の具体的な取引内容、相続の際に必要な手続きのアドバイスを受けることができます。

　なお、故人の預金口座については、原則として、遺産分割が終了するまでは口座が凍結され、預金を引き出すことができなくなりますので、迅速に手続きを済ませる必要があります。

どんな手続きをすればよいのか

　最初に必要書類をそろえることからはじめます。金融機関に預金口座の名義人が死亡した事実を伝えた上で、指定された必要書類を過不足なくそろえるようにします。必要書類は、おもに遺言書の有無によって変わります。以下では、標準的な必要書類をまとめていますが、金融機関によっては追加書類を求められる場合があります。

　預金口座の名義人（被相続人）が、生前から遺言を遺している場合は、遺言書の提出が必要です。通常の遺言には、自筆証書遺言、公正証書遺言、秘密証書遺言という３つの形式がありますが、公正証書遺言以外は、家庭裁判所の検認（検認日現在における遺言書の内容を明

● 金融機関での相続手続き

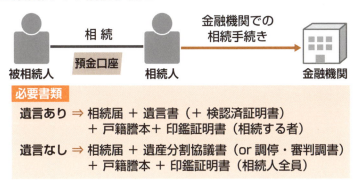

確にする手続き）の手続きを経ることが義務づけられています。金融機関の手続きにおいても、公正証書遺言以外は、検認の手続きを終えた遺言書（検認済証明書の付いた遺言書）の提出が必要です。

　その他、必要書類としては、名義人の死亡の事実と、請求者が正当な相続人である事実を確認する意味で、名義人の出世から死亡までのすべての戸籍謄本（除籍謄本や改製原戸籍謄本が必要になる場合もあります）などを提出しなければなりません。名義人の預金口座を相続する人については、印鑑証明書の提出も求められます。

　これに対し、預金口座の名義人が遺言を遺していない場合は、相続人全員の協議によるか、家庭裁判所の調停・審判などによって遺産分割を行います。相続人全員の協議が済んで遺産分割協議書を作成したときは、相続人全員が署名・押印した遺産分割協議書を提出します。家庭裁判所による調停・審判を経たときは、調停調書や審判調書の謄本を提出します。その他は、遺言書がある場合と同様ですが、遺産分割協議書を提出する際は、預金口座を相続する人だけでなく、相続人全員の印鑑証明書の提出が必要になる点に注意が必要です。

　これらの必要書類とあわせて、金融機関が指定する書式の相続届に記入し、相続人全員が署名・押印の上で提出すると、預金口座の名義人が相続する人に移転し、預金の払戻しを受けることができます。

7 祭祀・形見分け・葬式費用・弔慰金と相続

系譜・祭具・墳墓の承継

　系譜・祭具・墳墓（3つをまとめて祭祀といいます）の承継については、民法という法律によって、特別な取扱いを定めています。

　系譜とは、血族関係を記した図などを指し、一般的には家系図と呼ばれています。祭具とは、位牌や仏具を指します。墳墓とは、遺体や遺骨の埋葬などをする施設を指します。とくに墳墓を管理するための施設は墓地と呼ばれています。

　これら祭祀については、その性質上、相続人同士で分割することが適切とはいいがたいため、民法では、故人（被相続人）が祭祀を承継する人を指定していた場合を除いて、祭祀は慣習に従って「祭祀を承継するべき者」が承継すると定めています。故人による指定がなく、慣習も明らかでない場合には、祭祀を承継する人を家庭裁判所が定めます。

遺骸や遺骨、形見分けの取扱い

　故人や先祖の遺骸や遺骨は、祭祀に含まれませんが、不動産や預金口座などのように分け合うものでもありません。最高裁判例は、遺骸や遺骨は祭祀承継者が管理するとの立場をとっています。

　また、故人が生前使用していた腕時計や万年筆などを、故人を象徴する「形見」として、相続人同士などで分け合うことがあります。故人の所有する物は、原則として相続財産に含めるため、故人による遺言がなければ、遺産分割の手続きが必要になるはずです。しかし、相続財産に含める必要が低い物（価格が比較的安い物）については、形見分けという慣習が尊重されています。ただ、比較的財産としての価値が高い物は、形見分けの対象に含めるべきではなく、相続財産に含

● 系譜・祭具・墳墓の承継

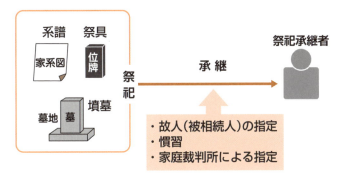

　めて、遺産分割の手続きによって分け合うことが必要になります。

葬式費用の負担割合

　民法では、相続に関する費用を、故人の相続財産から支出することを認めています。ただし、故人の葬式に必要な費用は、故人の死後に発生する費用であるため、原則として、喪主が負担する費用であると考えられていますが、相続人同士で話し合って、相続財産から費用の全部または一部を支出することも認められます。

弔慰金も相続税の対象になることがある

　故人の葬儀の際に、喪主などが香典や弔慰金を受け取る場合があります。香典は、葬儀費用に充当する目的で渡される金銭です。弔慰金は、故人を弔い、遺族に対する慰めとして渡される金銭です。
　これらの金銭は、故人の相続財産には含まれず、相続税の課税対象にはならないのが原則です。ただし、相続税法により、①受け取った弔慰金などが故人の勤務先から実質的な退職手当金として交付されたと考えられる場合や、②業務上の死亡で、故人の普通給与の3年分に相当する金額を超える金額が支給された場合などは、例外的に相続税が課税されます。

8 株式や生命保険金、死亡退職金などの請求と手続き

株式名義変更の手続きが必要

　証券取引所で取引されている株式を上場株式といい、故人の上場株式を相続した場合は、相続人が証券口座を通して株式の名義変更を行います。具体的には、同じ証券会社に相続人名義の口座を開設し、その口座に故人の株式を移管するのが一般的です。

　これに対し、上場していない株式を非上場株式あるいは未公開株式といい、株式を発行している会社に直接問い合わせて名義変更を行います。

死亡退職金がもらえる場合とは

　会社員が退職金をもらう前に死亡した場合、会社の就業規則などに退職金についての定めがあれば、死亡退職金が支給されます。死亡退職金が相続財産に含まれるかどうかは、受取人が誰かによって異なります。会社の就業規則などで受取人（おおむね配偶者）が指定されている場合は、指定された人固有の財産となりますので、相続財産には含まれません。

　これに対し、会社の就業規則などに受取人の定めがない場合は、故人の相続財産に含まれるため、遺産分割の手続きが必要です。

生命保険金は支払人・受取人に応じて税金の種類が変わる

　故人（被相続人）を被保険者（保険がかけられている人）とする生命保険金は、被相続人が死亡すると保険金が支払われますが、保険料の支払人と保険金の受取人がそれぞれ誰であるかによって、課税される税金の種類が変わります。

● **生命保険金の税金の種類**

被保険者	保険料の支払人	受取人	税金の種類
被相続人	被相続人	・被相続人あるいはその相続人（※1） ・第三者（※2）	相続税
被相続人	相続人A	・相続人A	所得税
被相続人	相続人A	・他の相続人 ・第三者	贈与税

（※1）すべての相続人が受け取った保険金の合計額が「500万円×法定相続人の数」（非課税枠）を超えるときに、その超える部分が相続税の対象となる。
（※2）相続人以外の人（第三者）が取得した保険金には、非課税枠の適用はない。

　まず、被相続人が保険料を負担している支払人である場合において、受取人の指定がないときは、生命保険金が相続財産に含まれ、相続税の対象となります。したがって、遺産分割の対象とはなりませんが、相続税の対象となる点は注意が必要です。

　具体的には、すべての相続人が受け取った保険金の合計額が「500万円×法定相続人の数」（非課税枠）を超えるときに、その超える部分が相続税の対象となります。このように、相続人を受取人に指定する場合は非課税枠があるので、相続人に現金を遺したい場合の生前対策として生命保険金を利用する人が多いようです。

　次に、特定の相続人が保険料の支払人である場合において、その相続人が受取人となっていたときは、所得税の対象となります。これに対し、同じく特定の相続人が支払人である場合において、他の相続人が受取人となっていたときは、支払人である相続人から受取人である他の相続人に対して保険金が贈与されたことになるため、贈与税の対象となります。

9 専門家への相談・依頼方法

どんな専門家に何を相談すればよいのか

　弁護士、司法書士、税理士、行政書士などが、相続手続きの窓口になってくれるおもな専門家たちですが、専門家によってできることとできないことがあります。

　弁護士は、法律のエキスパートとして、あらゆる法的手続きに対応できます。とくに相続人間で遺産分割について紛争がある場合に、調停や審判の代理人として手続きを遂行する権限は、弁護士だけに認められるものです。相続手続きにおいて、弁護士が法律上できないことは原則としてありませんが、対応できる分野が広すぎるため、相続登記などは専門外としている弁護士もいます。

　司法書士は、不動産登記の専門家で、紛争がなければ「遺産整理受任者」として相続手続き全般を依頼することができます。とくに相続をした不動産の登記申請は、司法書士に依頼するのが適切です。

　税理士は、その名のとおり税務の専門家です。遺産の総額が「3000万円＋法定相続人の数×600万円」を超える場合は、相続税がかかりますので、相続税の申告が必要です。相続税の申告は弁護士も行うことができますが、税務に精通していない弁護士も多いため、税理士に依頼するのが無難です。もっとも、税理士は法人税、消費税、所得税など専門分野が分かれており、相続税の申告をしたことがない税理士もいます。依頼した税理士が相続税を専門とする否かによって、相続税の節税額が大きく変わってくるようです。したがって、相続税の申告を専門にしている税理士を選ぶようにしましょう。

　行政書士は、遺言書や遺産分割協議書などの書類作成の代理が可能ですが、遺言書や遺産分割協議書の内容に関する法的なアドバイスは

● **こんなときはこの専門家に依頼するとよい**

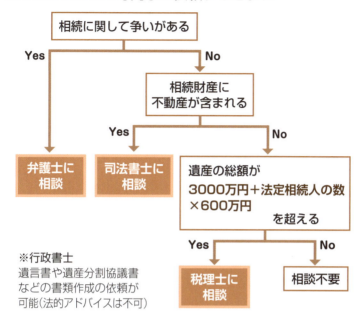

できないため、行政書士に依頼できる範囲は狭いといえます。

　最後に、報酬は依頼する専門家によってまちまちです。初回相談は無料としている事務所も増えていますので、無料相談を積極的に活用して、報酬額、手続き内容、専門家との相性などを見極めた上で、信頼できる専門家に依頼するようにしましょう。

弁護士と司法書士とでは何が違うのか

　弁護士も司法書士も、相続手続きの全般を依頼できますが、相続人間に紛争がある場合、司法書士は代理人になることができません。相続人間で紛争が起こっている、あるいは紛争が予想される場合は、弁護士に依頼するようにしましょう。逆に紛争がなく、遺産に不動産がある場合は、司法書士に依頼するとスムーズに手続きが進みます。

10 相続税対策

相続対策としてどのようなことを準備しておくべきか

　相続対策では、相続税の節税対策、相続税の納税対策、相続争いを予防する対策、という3つの対策を考慮した準備が必要です。

　相続税の節税対策としては、相続財産そのものを減らすための生前贈与や、相続税評価額を下げるための不動産の購入や活用などがあります。一方、相続税の納税対策としては生命保険の利用が、そして相続争いを予防する対策としては、遺言書の活用などが考えられます。

生前贈与の特例を利用した節税対策

　相続税は、遺産の総額が「3000万円＋法定相続人の数×600万円」（基礎控除額といいます）を超える場合に課税されます。そのため、遺産の総額が基礎控除額を超えると見込まれる場合は、遺産そのものを減らすような対策が必要になります。

　具体的には、生前に財産を贈与することが考えられます。年間110万円を超える贈与については、贈与された財産の額に応じて贈与税が課税されます。そして、贈与税は相続税に比べて高い税率が課せられていますが、税負担を軽減する制度（特例）が充実しているため、そのような制度を有効に使うことで、贈与税をゼロに近づけることも可能です。おもな特例として、下記の制度があります。

・夫婦間の居住用不動産の贈与

　婚姻期間20年以上の夫婦間で、居住用不動産または居住用不動産を購入するための資金を贈与した場合、要件を満たせば、基礎控除額110万円とは別に最高2000万円まで控除されます。

・父母・祖父母からの教育資金の一括贈与

● **夫婦間の居住用不動産の贈与**

要件
① 婚姻期間が20年以上
② 国内の居住用不動産または居住用不動産の取得のための資金である
③ 贈与した日の翌年の3月15日までに住んでおり、その後も住み続ける見込みがある
④ 同じ配偶者からの贈与について、過去にこの控除を受けたことがない
⑤ 提出期間内に贈与税申告書を提出

　2019年3月31日までに、父母・祖父母から30歳未満の子・孫に対し、教育資金を一括して贈与すれば、最大1500万円までが非課税となります。子・孫が30歳になった時点で残額があれば、その残額に贈与税が課税されます。

・**父母・祖父母からの結婚・子育て資金の一括贈与**

　2019年3月31日までに、父母・祖父母から20歳〜49歳の子・孫に対し、結婚・子育ての資金を一括して贈与すれば、1000万円（結婚資金のみの場合は300万円）までが非課税となります。贈与する側の父母・祖父母は、金融機関に贈与を受ける側の子・孫名義の預金口座を開設し、その口座に資金を振り込む必要があります。

　なお、子・孫が50歳になった時点で残額があれば、その残額に贈与税が課税されるのに対し、子・孫が全額を使いきる前に贈与者である父母・祖父母が死亡すれば、残額に相続税が課税されます。

・**住宅取得等資金の贈与**

　2021年12月31日までに、父母・祖父母から20歳以上かつ贈与さ

れた年の合計所得が2000万円以下の子・孫に対し、住宅の新築や取得などをするための資金を贈与された場合、最大3000万円までが非課税となります。非課税となる金額は、贈与をした時期や、取得する住宅の種類、住宅に係る契約の締結時期などにより大幅に異なります。国税庁のホームページなどで詳細を確認しましょう。

生前贈与の基礎控除を活用した節税対策

贈与税には110万円の基礎控除があるため、毎年110万円以下の贈与であれば贈与税が課税されません。これを利用して、毎年少しずつ金銭を贈与することも節税対策となります。

年間110万円は贈与を受ける側の制限なので、贈与する側は何人でも贈与ができます。たとえば、息子・娘・孫に年間110万円ずつを10年間贈与した場合、3300万円も課税されることなく贈与が可能ということになり、その分相続財産を減らすこともできます。ただし、税務署が1100万円ずつの一括贈与があったとみなす危険がありますので、贈与に際してはその都度、贈与契約書を作成し、毎年贈与する日や贈与する金額を変えていくなどの工夫が必要です。

不動産を活用した節税対策

不動産（土地や建物）の購入が相続税の節税対策として有効であると言われています。これは相続税の算出において、不動産は時価よりも低い金額で評価されるからです。

土地の評価額は「路線価」といって、対象となる土地が接する道路につけられている評価額に、土地の面積を掛けて算出します。路線価は時価の7～8割程度を目安に決定されており、たとえば5000万円の土地を購入した場合、相続時の評価額は3500万～4000万円程度に下がるので、現金で所持するよりも節税効果が得られるわけです。

これに対し、建物の評価額は「固定資産税評価額」によって決定さ

れます。固定資産税評価額は、標準的な建築費用の6〜7割程度であるため、たとえば5000万円で建物を購入すれば、相続時の評価額は3000万〜3500万円程度に下がります。

さらに土地や建物の評価額を下げたい場合は、土地や建物を他人に貸すことが有効な手段です。他人に土地や建物を貸すことによって利用が制限される結果、土地や建物の評価額が下がるからです。

生命保険を活用した納税対策

相続税法上、被保険者と支払人が被相続人であって、受取人が指定されている生命保険金は相続税の対象ですが（みなし相続財産）、相続人が受取人とされている場合は、相続人のすべてが受け取る生命保険金の総額が「500万円×法定相続人の数」までは非課税とされます。生命保険金は相続開始後に現金を受ける権利が発生するので、相続税の納税資金を確保するために生命保険を利用する人が増えています。

生命保険金は、受取人に相続人を指定しておけば、相続財産には組み込まれず、指定された相続人の固有財産となるので、特定の相続人に金銭を残したい場合の遺言書代わりとして、生命保険を利用することもできます。

相続争いを回避するための遺言書

相続手続きの中で、相続人全員の話し合いが必要となる遺産分割協議は、最も争いが発生しやすいと言われています。故人の遺言書があれば、その内容が優先されますので、トラブルの多い遺産分割協議を省略することができます。相続争いの多くは遺言書があれば防げたと言われるほどです。相続人間の仲が悪いなど、相続争いが予想される場合は、必ず遺言書を残すようにしましょう。遺言書があれば、相続人間のトラブルを回避できるだけではなく、手続きを簡略化できるので、相続人側の負担も大幅に減らすことができます。

Column

非上場会社の事業承継と相続

　現在、日本社会においては、非上場会社である中小企業の事業承継が進んでいないことが深刻な問題になっています。経営者である団塊世代の引退が、今後5年から10年の間に頻発することが見込まれる中で、次世代への事業承継が進んでいないからです。

　経営者から次世代の後継者が事業を引き継ぐことを事業承継といいます。典型例が、家族経営である非上場会社の経営者が、贈与や相続などによって、自分の子を後継者として事業を引き継がせる場合などです。しかし、相続によって自社の非上場株式や事業用資産などが分散するリスク、多額な相続税納付などのさまざまな問題から、次世代への事業承継が十分に進まず、事業からの撤退を余儀なくされることも少なくありません。

　そこで、事業承継問題に対処するため、平成30年度税制改正により事業承継税制が大幅に変わり、5年以内（2023年3月31日まで）に特例承継計画を提出し、10年以内（2027年12月31日まで）に事業を承継する非上場会社の後継者を対象に、10年間の限定で特例措置が設けられました。具体的には、従来は対象株式の3分の2までを対象に80％の納税猶予だったものが、全株式を対象に100％の納税猶予に変更され、相続税や贈与税を納付せずに非上場会社の事業承継が可能になりました。また、経営者の配偶者や兄弟など複数の株主から、最大3人の後継者への贈与や相続が事業承継税制の対象となりました（従来は後継者1人が対象でした）。

　その他、事業承継後5年間に平均で8割の雇用者数を維持するという従来の雇用確保要件が実質上撤廃されました。さらに、後継者が非上場株式の譲渡や自主廃業をした場合、売却額や廃業時の株価をもとに納税額を再計算し、事業承継時の株価をもとに計算した納税額との差額が減免されることになりました。

第2章
相続と財産分けの基本ルール

図解 相続法改正のポイント

- 2018年7月6日成立 ⇒ 2018年7月13日公布
- 施行日：原則として2019年7月1日

改正ポイント1　配偶者の保護

1　配偶者の居住権の保護【本書第4章5　138ページ～】
★施行日：2020年4月1日★

① 配偶者短期居住権
配偶者は、遺産分割終了or相続開始から6か月間のうち遅い期間までは、相続財産に含まれる居住用建物に、無償で居住することができる

② 配偶者居住権
配偶者が被相続人の生前から、相続財産に含まれる建物に居住していた場合、所定の要件の下で、原則として終身、相続財産に含まれる居住用建物に無償で住み続けることができる

2　持戻し免除の推定規定【本書第2章6　64ページ～】
婚姻期間が20年以上の夫婦間で行われた居住用不動産の贈与・遺贈について、特別受益として相続財産に持戻しを行う必要がない

改正ポイント2　遺産分割

1　遺産分割前に相続財産を処分した場合の取扱い
【本書第4章1　125ページ】
相続人の1人が、遺産分割前に相続財産を処分した場合は、その相続人の意思にかかわらず、他の相続人全員の同意があると、その分の財産が、相続財産として存在するものとみなす

2　一部分割【本書第4章1　122ページ】
遺産の一部分割が原則として認められることになった

3　仮払い制度【本書第4章4　136ページ】
被相続人の預貯金債権について、生活費、葬祭費用、相続債務の返済のため、「預貯金債権額の3分の1×法定相続分」を限度として、遺産分割前に払戻しを受けることができる

改正ポイント3　相続権のない親族の保護

- **特別寄与**　相続人以外の親族の貢献を考慮する制度
【本書第2章7　69ページ】

  無償の労務提供などによって、被相続人の財産の維持・増加に一定の貢献が認められた相続人以外の親族（特別寄与者）について、特別寄与料を請求することができる

改正ポイント4　遺言をめぐる改正

1. **自筆証書遺言の要件の緩和**【本書第3章9　106ページ】
   ★施行日：2019年1月13日★
   自筆証書遺言の作成にあたり、財産目録は自筆以外（パソコンなど）での作成が可能

2. **自筆証書遺言の保管制度**【本書第3章9　107ページ】
   ★施行日：2020年7月10日★
   - 自筆証書遺言について、遺言者が保管の申請を行うと、遺言書保管所（法務局）が保管・情報の管理を行う
   - 遺言保管所は、遺言書の保管の照会や、相続人による証明書の請求などに応じる義務を負う
   - 保管制度を用いた自筆証書遺言は、検認が不要である

改正ポイント5　遺留分をめぐる改正

1. **遺留分侵害額請求権の創設**【本書第3章11　112ページ】
   かつては、遺留分を侵害された相続人は、遺留分減殺請求権を行使することができた
   ⇒ 金銭の支払いを求める遺留分侵害額請求権に改められた

2. **相続人に対する贈与に関する取扱いの改正**
【本書第3章10　110ページ】
   遺留分算定の基礎財産に含める相続人に対する贈与について、相続開始前「10年」に限定した

1 相続トラブルはなぜ発生するのか

相続とは何か

　相続は「人が死亡した場合」に開始されます。相続とは、ある人の財産が他人に受け継がれることをいいます。私たちは、生きている間は、自分の意思に基づいて、自分の財産を自由に売却し、あるいは賃貸することができます。しかし、人が死亡すると、その人が持っていた財産は、その人の手元から離れて、その人の配偶者や子などの親族に受け継がれます。

　相続の場面において、死亡した人のことを被相続人といい、被相続人から財産を受け継ぐ人のことを相続人といいます。誰が相続人になるのか（相続人の範囲）については、民法という法律が定めていることから、相続人のことを「法定相続人」と呼ぶこともあります。

相続人は包括承継をするのが原則

　民法では、相続人は「被相続人の財産に属した一切の権利義務」を承継すると定めています。この民法の定めは、被相続人が置かれていた立場や地位を、そのまま相続人が引き継ぐことを意味します。これを包括承継といいます。不動産・現金・預貯金など、金銭的な価値を持つ物だけを相続するわけではない点に注意が必要です。

　たとえば、被相続人がAに建物を貸していた場合、建物の貸主という地位が相続人に承継されるため、相続人が被相続人に代わり、Aに建物を貸し続けなければなりません。また、被相続人がBから借金をしていた場合は、借主の地位が相続人に承継されるため、相続人は被相続人に代わり、借金を返さなければなりません。

　ただし、被相続人の一身専属権は、例外的に相続されません。一身

● 相続の発生

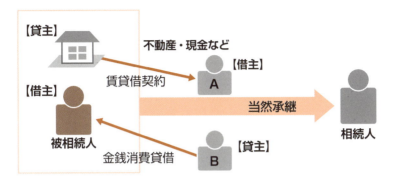

専属権とは、その人だけが持つことのできる立場や地位のことを意味します。たとえば、子の親権者の地位、会社の従業員の地位、著名演奏家としてピアノを演奏する義務などが挙げられます。

相続人としては、相続をする際、被相続人の立場や地位が一身専属権なのかどうかを確認する作業も必要になります。

何がトラブルの原因になるのか

相続に関しては、さまざまなトラブルの発生が考えられますが、次の3点に分類することができます。

① **相続人は誰かについてのトラブル**

父が死亡した時点で、母がすでに死亡しており、相続人が子1人だけで、他に父の兄弟姉妹などの親族も一切いないとします。このケースのように、相続人がすぐに確定するときは、相続人が誰かをめぐってトラブルが発生することはありません。

しかし、被相続人の死亡後に相続人の存在が判明したり、相続人であるはずの人がその資格を失ってしまうなどの事情が発生したときは、相続人が誰かをめぐってトラブルが生じることがあります。

たとえば、父が死亡した時点で、母がすでに死亡しており、相続人が子2人のときは、相続人が子2人に確定するのが原則です。しかし、

後から父に婚外子（非嫡出子）がいたことが判明すると、相続人として子が1人増える結果、子2人が相続できる財産が減ります。

また、Aが死亡した時点で、Aに配偶者も子もいなければ、Aの父母が相続人として確定するのが原則です。しかし、後からAに子がいたことが判明すると、相続人はAの子1人になる結果、Aの父母は相続人としての資格を失います。

さらに、相続人が被相続人を殺害して刑罰に処せられたなどの事情があると、相続人としての資格を当然に失います。これを**相続欠格**といいます。そのため、相続欠格にあたる相続人が存在しないことを前提にして、相続人を確定する作業をすることが求められます。

② 遺産を分けるときのトラブル

相続人の範囲が確定できたとしても、とくに相続人が2人以上いる場合（**共同相続**といいます）には、相続人同士で遺産（被相続人から相続した財産）をどのように分けるのかという問題が生じます。これが**遺産分割**の手続きです。

遺産が現金や預金だけの場合は、相続人同士で分けることは比較的簡単です。しかし、遺産の中に不動産や動産（不動産以外の物のことを指します）がある場合、これらは物理的に分割ができないため、どの相続人がどの不動産や動産を取得するのか、そして、不動産や動産を取得しない相続人に対して何らかの取り分（現金や預金など）を認めるか、などの点について問題が発生します。

もっとも、被相続人の遺言がある場合は、遺言書に記載されている内容に従って遺産を分けるので、基本的には遺産分割についてトラブルは生じにくいといえます。しかし、遺言に何らかの問題があって存在しないとみなされる（無効とされる）こともあり、そのときは相続人同士で遺産分割をせざるを得なくなります。

遺産分割は話し合いで解決しなければ、家庭裁判所に調停や審判を申し立てる必要が生じます。そうなると、最終的な解決まで長期間を

● **相続をめぐるトラブル**

① **相続人の確定をめぐるトラブル**
　⇒ 誰が相続人に含まれるのか？
　　（婚外子はいるか？　など）

② **遺産分割をめぐるトラブル**
　⇒ どのように遺産を分けるべきか
　　（遺言？遺産分割協議？家庭裁判所への調停・審判の申立て？）

③ **相続税に関して**
　⇒ どの程度の相続税の支払いが必要か？

要するので、相続人の負担は大きくなるといえるでしょう。

③　相続税についてのトラブル

　相続人が実際に遺産を取得した場合、基礎控除額を超えると相続税の支払いが必要になります。不動産をはじめ高額な財産を相続したときは、相続税も相当な額になるので、遺産分割にあたっては、相続税の支払いが可能であるのかという観点も忘れないようにします。

相続したくない場合の選択肢も用意されている

　相続人は、自分の意思にかかわらず、被相続人の権利義務をまとめて承継しなければならないのが原則です（包括承継）。しかし、被相続が借金ばかりを遺した場合など、相続をきっかけとして、相続人に多大な経済的負担がかかることもあります。相続人としては、借金などの相続はできる限り回避したいところです。

　民法では、このような経済的負担の回避を認める手続きとして、相続人としての資格を自ら失わせる**相続放棄**と、被相続人のプラスの財産の範囲でマイナスの財産（借金など）を承継するという**限定承認**の制度を設けています。ただ、限定承認は相続人全員で行うという制約がある点に注意を要します。

2 相続人の範囲

相続人になることができる人は配偶者と血族

　被相続人の死亡によって相続が発生した場合、相続人になることができる人は、民法の定めにより、被相続人の配偶者と、被相続人の血族（子・直系尊属・兄弟姉妹）に限定されています。以下、相続人になる資格について、具体的に見ていきましょう。

配偶者は婚姻届を提出した夫婦に限る

　配偶者とは、夫婦の一方から見たときの他方を指します。たとえば、夫が死亡した場合は、夫が被相続人、妻が配偶者になります。相続における配偶者は、婚姻届を提出している夫婦（戸籍に夫や妻と記載された人）だけを指し、内縁の夫婦は含みません。配偶者は他の相続人との関係を考慮することなく、常に相続人になります。

血族は子・直系尊属・兄弟姉妹に限る

　血族とは、一般的には血のつながりによって結び付いた人々を指します。ただし、相続の場面では、血のつながりがある場合に限らず、養子縁組によって結び付けられた場合も血族に含めます。
　ただし、血族については、その全員が相続人になるわけではありません。民法が定めている相続順位に従い、配偶者がいるときは配偶者とともに相続人となることができます。そして、先順位の血族が誰もいない場合に限り、後順位の血族が相続人になることができます。

① 第1順位は「子」
　第1順位の血族相続人は、被相続人の子です。母との親子関係は分娩（出産）によって発生するため、母子間の親子関係が問題になるこ

● 相続人の範囲

(例) 被相続人(夫が死亡した場合)

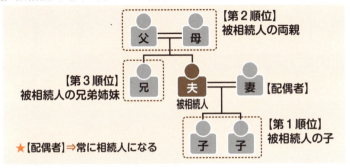

★【配偶者】⇒常に相続人になる

第1順位から第3順位の相続人

- 順位が早い人がいれば、その人が相続人になる
- 配偶者がいるときは、配偶者とともに相続人になる

① 【配偶者】 ＋ 被相続人の子【第1順位】
　　　　　　↓ いない場合
② 【配偶者】 ＋ 被相続人の両親【第2順位】
　　　　　　↓ いない場合
② 【配偶者】 ＋ 被相続人の兄弟姉妹【第3順位】

とはほぼありません。

　しかし、父子間の親子関係は問題になることがあります。婚姻届を提出した夫婦間に生まれた子(嫡出子といいます)は、父子間に親子関係があるものと扱うのが原則です。一方、婚姻届を提出していない男女間に生まれた子(非嫡出子といいます)は、そのままでは親子関係が認められません。父から認知(父子間の親子関係を認めること)を受けることで、子が父の相続人になります。

　なお、後述する法定相続分について、以前は非嫡出子の相続分が嫡出子の2分の1という区別がありましたが、現在はこのような区別が廃止されています。したがって、非嫡出子も嫡出子と同じ割合の相続分が認められます。

その他、相続の場面においては、胎児も「生きている人」として扱います。そのため、夫が死亡した時点で、その妻が妊娠しているときは、妻と胎児が相続人となることができます。ただし、生きて出産を迎えたときに、確定的に胎児が相続人の地位を取得するので、胎児が死産であったときは、胎児への相続がなかったことになります。

② 第2順位は「直系尊属」

第2順位の血族相続人は、被相続人の**直系尊属**です。直系尊属とは、被相続人より前の世代へ縦にのぼっていく血族のことです。

たとえば、被相続人に子が1人もいない場合、被相続人の父母が相続人になることができます。父母が両方ともいない場合は、祖父母が相続人になります。

③ 第3順位は「兄弟姉妹」

第3順位の血族相続人は、被相続人の**兄弟姉妹**です。被相続人に子と直系尊属が1人もいない場合、被相続人の兄弟姉妹が相続人になることができます。

法定相続分について

相続人が具体的にどの程度の財産を相続するのか、つまり相続分の割合について、被相続人が遺言をしている場合は、原則として、遺言書に記載された相続分の指定に従います。このような遺言による相続分の指定のことを**指定相続分**といいます。

しかし、被相続人が相続分について遺言をしていない場合は、民法が定めた相続分の割合に従います。これを**法定相続分**といいます。

相続人の組み合わせによる法定相続分の違い

配偶者だけが相続人の場合や、子あるいは父母だけが相続人の場合は、相続分の計算が容易です（複数いても均等に配分するだけでよいため）。しかし、それ以外で相続人が複数いるときは、相続人の組合

せに応じて、以下のように相続人同士の法定相続分が異なります。

① 配偶者と子（第1順位）が相続人になる場合

被相続人の配偶者と子が相続人になる場合です。養子も「子」に含まれます。各人の法定相続分は、配偶者が**2分の1**、子が**2分の1**です。子が複数いる場合は2分の1を均等に配分します。嫡出子か非嫡出子かによる法定相続分の違いはありません。

たとえば、配偶者と子2人が相続人である場合、配偶者の法定相続分が2分の1、子の法定相続分がそれぞれ4分の1（2分の1×2分の1）になります。

② 配偶者と直系尊属（第2順位）が相続人になる場合

被相続人の配偶者と両親が相続人になる場合です。養親も「両親」に含まれます。各人の法定相続分は、配偶者が**3分の2**、直系尊属が**3分の1**です。直系尊属が複数いる場合は3分の1を均等に配分します。両親がともにいない場合は、祖父母が相続人になります。

たとえば、配偶者と両親2人が相続人である場合、配偶者の法定相続分が3分の2、両親2人の法定相続分がそれぞれ6分の1（3分の1×2分の1）になります。

③ 配偶者と兄弟姉妹（第3順位）が相続人になる場合

被相続人の配偶者と兄弟姉妹が相続人になる場合です。各人の法定相続分は、配偶者が**4分の3**、兄弟姉妹が**4分の1**です。兄弟姉妹が複数いる場合は4分の1を均等に配分するのが原則です。ただし、兄弟姉妹の中に被相続人と父母のいずれかが異なる兄弟姉妹（半血兄弟姉妹）がいる場合、半血兄弟姉妹の法定相続分は父母を同じくする兄弟姉妹（全血兄弟姉妹）の2分の1になります。

たとえば、配偶者と全血兄弟姉妹1人と半血兄弟姉妹1人が相続人である場合、配偶者の法定相続分は4分の3、全血兄弟姉妹の法定相続分は6分の1、半血兄弟姉妹の法定相続分は12分の1になります。

● 法定相続分と相続人の組み合わせ

ケース1　配偶者と子（第1順位）が相続人になる場合

（例）被相続人の妻と子2名が相続人になる場合

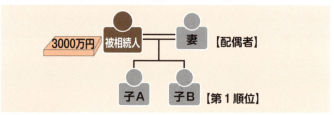

法定相続分

① 配偶者 ⇒ 1/2
② 第1順位の血族相続人 ⇒ 1/2

※子が複数名いる場合には、1/2を均等に配分する

具体的相続分

① 配偶者 ⇒ 3000万円×1/2 ＝ 1500万円
② 第1順位
　⑴ 子A ⇒ 3000万円×1/2×1/2 ＝ 750万円
　⑵ 子B ⇒ 3000万円×1/2×1/2 ＝ 750万円

ケース2　配偶者と直系尊属（第2順位）が相続人になる場合

（例）被相続人の妻と両親2名が相続人になる場合

法定相続分

① 配偶者 ⇒ 2/3
② 第2順位 ⇒ 1/3

※両親2名ともいる場合には、1/3を均等に配分する

具体的相続分

① 配偶者 ⇒ 3000万円×2/3 ＝ 2000万円
② 第2順位
　⑴ 父C ⇒ 3000万円×1/3×1/2 ＝ 500万円
　⑵ 母D ⇒ 3000万円×1/3×1/2 ＝ 500万円

ケース3-1　配偶者と兄弟姉妹（第3順位）が相続人になる場合（全血）

（例）被相続人の妻と兄弟姉妹2名が相続人になる場合

法定相続分
① 配偶者 ⇒ 3/4
② 第3順位 ⇒ 1/4

※兄弟姉妹が複数名いる場合には、1/4を均等に配分する

具体的相続分
① 配偶者 ⇒ 3000万円 × 3/4 ＝ 2250万円
② 第3順位
　(1) 兄E ⇒ 3000万円 × 1/4 × 1/2 ＝ 375万円
　(2) 姉F ⇒ 3000万円 × 1/4 × 1/2 ＝ 375万円

ケース3-2　配偶者と兄弟姉妹（第3順位）が相続人になる場合（半血）

（例）被相続人の妻と兄弟姉妹2名が相続人になる場合

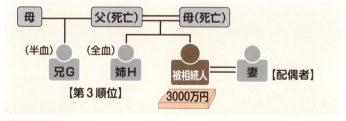

法定相続分
① 配偶者 ⇒ 3/4
② 第3順位 ⇒ 1/4

※被相続人と父母のいずれかが異なる兄弟姉妹（半血兄弟姉妹）が含まれている場合、半血兄弟姉妹の相続分は全血兄弟姉妹の2分の1になる

具体的相続分
① 配偶者 ⇒ 3000万円 × 3/4 ＝ 2250万円
② 第3順位

　　Gの相続分 ： Hの相続分 ＝ 1 ： 2
　　　（半血）　　　（全血）

　(1) 兄G ⇒ 3000万円 × 1/4 × 1/3 ＝ 250万円
　(2) 姉H ⇒ 3000万円 × 1/4 × 2/3 ＝ 500万円

3 代襲相続

代襲相続とは

　相続人になる予定であった被相続人の子や兄弟姉妹が、一定の原因により相続権を失っており、その者に子がいる場合、その子が代わりに相続人になります。これを代襲相続といいます。

　代襲相続において、相続権を失った被相続人の子や兄弟姉妹のことを被代襲者といい、被代襲者の代わりに相続人になる被代襲者の子のことを代襲相続人（あるいは代襲者）といいます。

　被代襲者になるのは、第1順位の「子」と第3順位の「兄弟姉妹」に限られます。また、代襲相続が認められる「一定の原因」は、被相続人の死亡以前に被代襲者が死亡して相続権を失った場合か、被代襲者が相続欠格や廃除によって相続権を失った場合に限られます。被代襲者が相続放棄をして相続権を失った場合には、代襲相続が発生しない点に注意が必要です。

　一方、代襲相続人（代襲者）になることができるのは「被代襲者の子」です。ただし、被代襲者が養子である場合は注意が必要です。被代襲者が養子縁組をした後に生まれた子は、被相続人との血族関係が認められるため、代襲相続人になることができます。しかし、被代襲者の養子縁組よりも前に生まれていた子は、被相続人との血族関係が認められないため、代襲相続人になることができません。

被代襲者が子の場合は再代襲が認められる

　被代襲者が「子」の場合は、被相続人が死亡した時点で、被代襲者に加えて、すでに代襲相続人も「一定の原因」で相続権を失っている場合、代襲相続人に子（被相続人のひ孫にあたります）がいれば、そ

● 代襲相続

子が相続人である場合

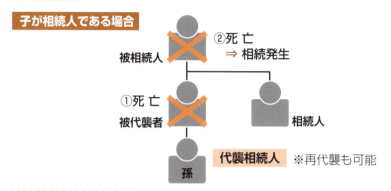

兄弟姉妹が相続人である場合

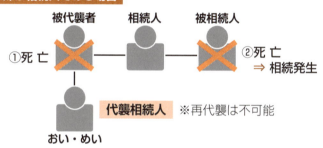

の人が代襲相続人に代わり代襲相続人になることができます。これを**再代襲**といいます。しかし、被代襲者が「兄弟姉妹」の場合は、代襲相続人が相続権を失っていても再代襲は認められません。

代襲相続があるときの法定相続分

　代襲相続人の法定相続分は、本来の被代襲者と法定相続分と同じになります。たとえば、配偶者のいない被相続人の子A・B・CのうちAが被相続人よりも先に死亡しており、Aの子D・Eが代襲相続人になる場合、D・Eの法定相続分は、Aの本来の法定相続分である3分の1になります。そして、D・E間において3分の1を均等に配分するので、各自の法定相続分はそれぞれ6分の1になります。

4 相続権を失う場合

相続人になることが認められない相続欠格

　本来は相続人になるべき人でも、相続人としてふさわしくない一定の事由がある場合は、相続人になる資格を失う（相続権を失う）ことがあります。民法では、相続人の相続権を失わせる制度として、相続欠格と相続人の廃除という2つの制度を設けています。

　相続欠格とは、相続人に一定の事由が存在すると、その相続人の相続権が当然に失われる場合をいいます。民法では、相続欠格にあたる事由として以下の5つを定めています。どれか1つでもあてはまると相続欠格になる点に注意を要します。

---

① 故意に被相続人や自分と同順位・高順位の相続人を死亡させたり、死亡させようとしたため、刑罰を科された人
② 被相続人が殺害されたと知っても告発や告訴をしなかった人
③ 詐欺や強迫によって、被相続人が遺言を作成、撤回、取消し、変更することを妨害した人
④ 詐欺や強迫によって、被相続人に遺言を作成させ、撤回させ、取り消させ、変更させた人
⑤ 被相続人の遺言書を偽造（権限なく作成すること）、変造（内容を無断で変更すること）、破棄、隠匿（隠すこと）した人

　相続欠格は、後述する相続人の廃除とは異なり、家庭裁判所の審判などがなくても、当然に相続権を失わせる制度です。しかし、欠格事由があるかどうかが争われることもあります。その場合は、訴訟を提起するなどして、相続欠格事由の存在を主張することになります。

● 相続欠格と相続人の廃除

【相続欠格】⇒ 当然に相続権を失う

【相続人の廃除】⇒ 被相続人の意思により相続権を失う

相続人の廃除によって相続権を奪うこともできる

　被相続人が、一定の事由が存在する相続人（厳密に言うと「相続人になる予定の人」です）に相続をさせたくないと考える場合、家庭裁判所への請求によって、その相続人の相続権を奪うことを**相続人の廃除**（相続廃除）といいます。相続人の廃除は、遺留分を持っている相続人、つまり兄弟姉妹以外の相続人が対象になります。兄弟姉妹には遺留分がなく、遺言で「兄弟姉妹には財産を一切与えない」と遺せば、実質的に兄弟姉妹の相続権を奪えるからです。

　相続人の廃除が認められる「一定の事由」は、①相続人が被相続人に虐待や重大な侮辱を行った場合か、②その他の著しい非行があった場合です。どちらか1つでもあてはまると相続人の廃除が認められます。

　相続人の廃除をするときは、被相続人が家庭裁判所に廃除の審判を請求します。被相続人が遺言で相続人の廃除の考えを示したときは、被相続人の死後、遺言執行者（遺言の内容を実現する人のこと）が家庭裁判所に廃除の審判を請求します。そして、廃除の審判が確定した時点で、相続人は相続権を失います。

5 相続するかどうか迷ったときの選択肢

3つの選択肢がある

　相続が発生した場合、相続人は、不動産、現金、預金などのようなプラスの財産（積極財産といいます）ばかりではなく、借金、家賃、売買代金などのようなマイナスの財産（消極財産といいます）もあわせて相続しなければなりません。これを包括承継といいます。

　もっとも、民法では相続人に対して、相続財産（被相続人の財産のこと）を相続するのかどうか、どの程度の相続財産を相続するのか、を選択することを認めています。相続人が選択することができる方法として、単純承認、限定承認、相続放棄の3種類があります。

単純承認はすべてを相続する方法である

　単純承認とは、被相続人の積極財産も消極財産もすべて相続することをいいます。消極財産のほうが多い場合は、相続人が自分の財産を用いて弁済（お金を支払ったり、物を引き渡したりすること）する必要が生じる点に注意が必要です。原則として、相続人が単純承認をするという考えを示すことによって、単純承認が成立します。

　ただし、相続人が一定の行為をすることによって、単純承認をしたのと同じ効果が生じる場合があります。これを法定単純承認といいます。法定単純承認が生じる「一定の行為」として、おもに以下の3つの行為が挙げられます。

① 相続財産の全部あるいは一部の処分行為

　相続人が相続財産を処分した場合は、相続財産を自分の財産であることを相続人自身が認めたと判断できるからです。相続財産の処分にあたる行為として、被相続人の不動産を第三者に売却する行為や、被

● **単純承認・限定承認・相続放棄**

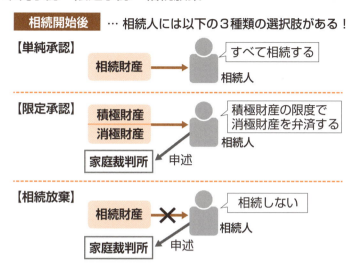

相続人が貸していた金銭の返済を求める行為などが挙げられます。

ただし、被相続人の建物の損壊部分を修理する行為などは、保存行為（財産の現状を維持する行為のこと）にあたるので、処分行為にはあたらず、法定単純承認は生じないと考えられています。

② **熟慮期間の経過**

相続人が後述する熟慮期間内に、相続放棄や限定承認をするという考えを示さなかった場合も、法定単純承認が生じます。

③ **相続財産の隠匿や消費など**

相続人が相続放棄や限定承認の考えを示していても、相続財産の全部あるいは一部を隠したり（隠匿）、自分の思うままに消費したりした場合なども、法定単純承認が生じます。

限定承認は相続人全員で行うことが条件である

限定承認とは、積極財産の限度において消極財産を弁済するという条件の下で、相続を承認することをいいます。限定承認は、自分のた

めに相続があったことを知った時から3か月以内（後述する熟慮期間のことです）に、家庭裁判所に対する限定承認の申述（申し立てて述べること）によって行うことが必要です。

　限定承認については、必ず相続人全員が共同して行わなければならない点に注意を要します。そのため、一部の相続人に法定単純承認が生じた場合や、単純承認をした相続人がいる場合は、限定承認ができなくなります。これに対し、一部の相続人が相続放棄をしたにとどまる場合は、残りの相続人全員で限定承認を行うことができます。

　限定承認を検討したほうがよいのは、被相続人が積極財産と消極財産の両方を持っているが、どちらが多いのかをすぐに確定することができない場合です。積極財産の限度で弁済すればよいので、もし消極財産のほうが多いことが明らかになっても、相続人は不足分を自分の財産を用いて弁済する必要がありません。さらに、消極財産をすべて弁済した後に積極財産が残った場合、相続人はその積極財産を相続できるという点も、限定承認のメリットとして挙げられます。

　そして、家庭裁判所で限定承認が受理されると、限定承認をした相続人（相続人が複数のときは申述の受理と同時に選任された相続財産管理人）が、相続財産の清算手続を行います。

相続放棄は相続の全面拒否である

　相続放棄とは、相続人が被相続人の相続財産の相続を全面的に拒否する行為をいいます。相続放棄は、自分のために相続があったことを知った時から3か月以内（後述する熟慮期間のことです）に、家庭裁判所に対する相続放棄の申述によって行うことが必要です。家庭裁判所が相続放棄の申述を受理することで、申述をした相続人は、その相続に関して最初から相続人でなかったものと扱われます。

　相続放棄については、限定承認とは異なり、1人で行うことができます。一部の相続人に法定単純承認が生じた場合や、単純承認をした

相続人がいる場合でも、相続放棄をすることは可能です。

相続人が相続放棄を行うと、他の相続人の法定相続分が変動する場合があります。たとえば、夫が死亡して、相続人として妻と子1人がいたとした場合、妻の法定相続分は2分の1、子1人の法定相続分は2分の1です。しかし、子が相続放棄をした場合、他に相続人がいなければ、妻がすべての相続財産を相続します。もし夫の両親がいたとすれば、子の相続放棄後は、妻の法定相続分が4分の3、両親の法定相続分が4分の1（父母がそれぞれ8分の1を相続します）になります。

このように、相続放棄によって相続人の資格を新たに取得する血族が生じる場合もあるなど、相続放棄は他の相続人への影響が大きい行為だといえます。

どのような手続きをするのか

相続人が、これまで述べた単純承認、限定承認、相続放棄のどれかを選択することができるのは、被相続人が死亡して相続が開始した後です。相続開始前にこれらの行為をすることはできません。

そして、どの行為をするのかを考える期間として、民法では、自分のために相続があったことを知った時から3か月以内という制限を設けています。この期間制限は**熟慮期間**と呼ばれています。ここで「自分のために相続があったことを知った時」とは、被相続人の死亡により相続が開始することと、自分が相続人になることの両方を認識した時点を指すと考えられています。

相続人がどの行為をするのかを示さずに熟慮期間を経過すると、単純承認をしたと扱われます（法定単純承認）。限定承認や相続放棄をする相続人は、熟慮期間の経過前に、家庭裁判所に申述をすることが求められます。相続財産の調査などに時間がかかり、熟慮期間の経過前に限定承認や相続放棄をするための判断資料を得られないときは、必ず家庭裁判所に「期間の伸長の申立て」をしなければなりません。

書式 相続放棄申述書記載例

相続放棄申述書

(この欄に収入印紙800円分を貼ってください。)

(貼った印紙に押印しないでください。)

受付印	
収入印紙	円
予納郵便切手	円

準口頭　関連事件番号　平成　年(家)第　　号

家庭裁判所　御中
平成30年11月1日

申述人(未成年者などの場合は法定代理人)の記名押印　　三省　一郎 ㊞

添付書類
(同じ書類は1通で足ります。審理のために必要な場合は、追加書類の提出をお願いすることがあります。)
☑ 戸籍(除籍・改製原戸籍)謄本(全部事項証明書)　合計　通
☑ 被相続人の住民票除票又は戸籍附票
☐

申述人

本籍(国籍)	大阪 (府) 　大阪市△△区×丁目○番
住所	〒500-0000　電話　080(○○○○)○○○○ 大阪市○○区○丁目○番 ○○マンション605号　　　(　　方)
フリガナ 氏名	サンセイ　イチロウ 三省　一郎　　(昭和)52年10月10日生(　歳)　職業　会社員
被相続人との関係	被相続人の……①子　2孫　3配偶者　4直系尊属(父母・祖父母) 5兄弟姉妹　6おいめい　7その他(　　)

法定代理人等

※ 1親権者 2後見人 3	住所	〒　-　　電話(　) (　　方)
	フリガナ 氏名	フリガナ 氏名

被相続人

本籍(国籍)	大阪 (府) 　大阪市○○区○丁目○番
最後の住所	東京都○○区○丁目○番○○号　死亡当時の職業　無職
フリガナ 氏名	サンセイ　タロウ 三省　太郎　　　平成30年10月25日死亡

(注) 太枠の中だけ記入してください。　※の部分は、当てはまる番号を○で囲み、被相続人との関係欄の7、法定代理人等欄の3を選んだ場合には、具体的に記入してください。

相続放棄 (1/2)

(942080)

```
┌─────────────────────────────────────────────────────┐
│           申   述   の   趣   旨                     │
├─────────────────────────────────────────────────────┤
│       相 続 の 放 棄 を す る 。                      │
└─────────────────────────────────────────────────────┘

┌─────────────────────────────────────────────────────┐
│           申   述   の   理   由                     │
├─────────────────────────────────────────────────────┤
│ ※ 相続の開始を知った日………平成 30 年 10 月 25 日      │
│   ①被相続人死亡の当日    3 先順位者の相続放棄を知った日 │
│   2 死亡の通知をうけた日  4 その他(            )      │
├──────────────────┬──────────────────────────────────┤
│   放 棄 の 理 由  │    相 続 財 産 の 概 略           │
├──────────────────┼──────────────────────────────────┤
│ ※                │資 農 地……約____平方メートル       │
│ 1 被相続人から生前│                    現金      約__万円│
│   に贈与を受けている│                   預貯金            │
│ 2 生活が安定している│  山 林……約____平方メートル      │
│ 3 遺産が少ない。  │                 有価証券……約__万円│
│ 4 遺産を分散させた│  宅 地……約____平方メートル       │
│   くない。        │産                                 │
│ ⑤債務超過のため。 │  建 物……約____平方メートル       │
│ 6 その他[      ] ├──────────────────────────────────┤
│                   │負 債…………約 500 万円            │
└──────────────────┴──────────────────────────────────┘
(注) 太枠の中だけ記入してください。  ※の部分は、当てはまる番号を○で囲み、申述の理由欄の4、放棄
   の理由欄の6を選んだ場合には、(   )内に具体的に記入してください。
```

● 書式作成上の注意点 ●

　相続放棄申述書の提出先は、被相続人の最後の住所地を管轄する家庭裁判所になりますので、申述書を書く前に、必ず管轄裁判所を調べるようにしましょう。

　「被相続人の欄」は、必ず戸籍謄本や住民票の除票で、本籍、最後の住所地、死亡年月日を確認し、戸籍謄本などに記載されているとおりに記入するようにします。「申述人の欄」には、相続放棄をする人の情報を記入します。住民票の住所と現在住んでいる場所が違う場合は、現住所を記載するようにし、携帯番号などの連絡先を記入します。「申述人の欄」と「被相続人の欄」は、パソコンで作成してもかまいませんが、自分の意思で作成したことを示すため、一番上の申述人の欄は自署するのが無難です。押印は実印までは求められていませんので、認印でもかまいません。

　「相続放棄の理由」については、該当する項目をチェックしましょう。「相続財産の概略」については、申述書を記入する時点で判明している範囲内で資産（積極財産）と負債（消極財産）を記入し、負債の額は、概算を記入していきます。

6 特別受益

特別受益とは何か

　相続人が複数いる場合に、特定の相続人が、被相続人から現金や不動産などの財産の遺贈を受けている場合があります。遺贈とは、被相続人（故人）の遺言によって、相続開始時に、財産が他人に譲り渡されることをいいます。その他、被相続人が、自分の生きている間に、さまざまな目的から、相続人に財産を贈与（生前贈与）していることがあります。贈与とは、財産をタダで他人に与えることです。

　このように、相続人が被相続人からの遺贈や贈与によって取得した財産を特別受益といいます。ただし、特別受益にあたる贈与は、相続人の婚姻、養子縁組、生活資金（生計の資本）を目的とする贈与だけです。これに対し、遺贈は目的を問わず特別受益にあたります。

　また、特別受益を受ける側の人（特別受益者）は、必ず相続人でなければなりません。相続人でない親族や相続放棄した人などが、被相続人から遺贈や贈与を受けても、それは特別受益にあたりません。

特別受益がある場合に生じる不公平とは

　特定の相続人が特別受益を受けたときは、特別受益を考慮せずに相続分を算定すると、不公平をもたらすことがあります。

　たとえば、Xが死亡して、Xの子A・B・Cの3人だけが相続人であるとします。Xの相続財産が6000万円である場合、法定相続分に従うと、子A・B・Cが2000万円ずつを相続することになります。

　しかし、Xが死亡する前に、子Aに対して1500万円の金銭を生活資金として贈与していたとしましょう。この場合、子Aが被相続人の財産の贈与を受けているのに、相続の時点で生活資金を目的とする贈

● **特別受益**

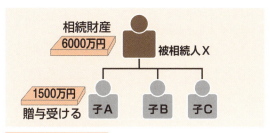

特別受益の持戻し

みなし相続財産
6000万円＋1500万円（持戻し）＝7500万円

具体的相続分

子A：2500万円－1500万円＝1000万円
子B：2500万円
子C：2500万円

※法定相続分⇒A・B・Cともに2000万円

与の事情を考慮しなければ、子Aは、贈与として受け取ったXの財産に加えて、さらに相続によってもXの財産を得ることになります。

具体的に言うと、子B・Cが2000万円ずつを相続するのに対し、子Aについては、B・Cと同様に相続によって2000万円の財産を手に入れる他に、贈与を受けていた1500万円の金銭と合計して3500万円の財産を相続したのと同様の状態になります。

このように、子A・B・Cは、相続において同じ順位（第1順位）にあるにもかかわらず、子Aだけが特別扱いされており、子B・Cが持つ不公平感は強いといえるでしょう。

不公平を解消するための相続分の調整

民法は、相続人間の不公平を是正するため、相続分の計算において特別受益を考慮するしくみを採用しています。つまり、相続分の算定の際は、まず相続財産に特別受益にあたる財産の価額を戻して計算し

ます。これを**持戻し**といいます。持戻しをすることで算出される被相続人の財産の価額を**みなし相続財産**と呼んでいます。

　それから、みなし相続財産に基づき、各相続人の相続分を算出します。特別受益を考慮した相続分のことを**具体的相続分**と呼ぶことがあります。その際、特別受益を受けている相続人については、相続分から特別受益の価額を差し引いて具体的相続分を算出します。

　なお、遺贈に関しては、特別受益にあたるという点では贈与と同様ですが、相続開始時点では相続財産に含まれているため、遺贈の価額の持戻しをして計算する必要はありません。

　前述の事例では、相続開始時点のXの相続財産6000万円に、子Aが受けた贈与の価額1500万円を加えた7500万円が、みなし相続財産にあたります。みなし相続財産をもとにして、子A・B・Cの具体的相続分を算出すると、法定相続分はそれぞれ3分の1ですから、2500万円ずつの相続分が認められます。ただし、子Aについては、生活資金の贈与により財産を取得した（特別受益）と扱われますので、法定相続分から特別受益の価額1500万円を差し引いた1000万円のみを相続します。これによって、相続人間に公平感が生まれます。

　このとき、みなし相続財産から算出した相続分から特別受益の価額を差し引いた結果、その相続人の具体的相続分が「ゼロ」以下になる場合があります。この場合、具体的相続分は「ゼロ」になりますが、特別受益を受けた相続人は、遺贈や贈与を受けた財産を他の相続人に渡す必要はなく、引き続き持ち続けることが認められています。

持戻しの免除が認められる場合

　特別受益の持戻しには注意すべき点があります。それは、被相続人が特別受益の価額を相続財産に戻して計算することを拒否する考えを示している場合です。被相続人が特別受益の持戻しを行わないとの考えを示すことを**持戻し免除の意思表示**といいます。持戻し免除の意思

● 事実上の放棄と相続放棄

	事実上の放棄	相続放棄
方法	①遺産分割協議書における特別受益の記載 ②相続分不存在証明書（特別受益証明書）の作成	家庭裁判所に対する申述
メリット	家庭裁判所を通した煩雑な手続きが不要	債務の返済などの責任を免れることが可能
熟慮期間の制限	なし	相続開始を知った時から3か月以内

表示は遺言で行うことが多いのですが、それ以外の方法も可能です。

前述の事例では、X（被相続人）が子Aに対する1500万円の贈与について「持戻し免除の意思表示」をしていた場合、この1500万円の価額を相続財産に戻して計算しません。相続開始時点のXの相続財産が6000万円ですから、子A・B・Cの相続分は2000万円ずつになります。さらに、子Aについては、相続分2000万円に加えて、1500万円の贈与を取得することが可能です。

特別受益と事実上の放棄との関係

みなし相続財産から具体的相続分を計算した結果、特別受益を受けている相続人の具体的相続分が「ゼロ」になる場合があります。この場合に、特別受益を受けた相続人が「被相続人○○の生前に特別受益を受けているので、○○の相続に関して相続分を受け取りません」と主張することがあります。これは**事実上の放棄**と呼ばれています。

特別受益を受けたことを理由に事実上の放棄を行う場合、本来の相続放棄とは異なり、家庭裁判所における手続きなどは不要です。事実上の放棄を行う方法として、遺産分割協議書の中で、特別受益を受けているために、自分の具体的相続分がゼロであると記載することが考えられます。ただし、遺産分割協議書は、家庭裁判所の手続きこそ不

要ですが、相続人全員の同意の下で作成しなければなりません。

もう一つ、相続分不存在証明書（⇨ P.128 参照）を作成して、事実上の放棄をする方法もあります。相続分不存在証明書は、事実上の放棄をする相続人が単独で作成することができますので、遺産分割協議書よりも簡単に事実上の放棄をすることができます。

ただし、事実上の放棄には問題点もあります。特別受益を受けた相続人の具体的相続分がゼロになることで、相続財産が特定の相続人に集中するケースがあります。このことを利用し、特定の相続人に相続財産を集中させる目的で、家庭裁判所の手続きなどを省略するため、相続分不存在証明書を作成することがあります。その際、実際は特別受益を受けていないのに、相続人が相続分不存在証明書の作成を強要される可能性があります。特別受益を受けていない相続人には、相続分不存在証明書の作成を依頼してはいけません。

特別受益をめぐる最近の改正について

たとえば、夫が死亡し、相続人が妻と子1人である場合を考えてみましょう。夫の相続財産が3000万円のときは、法定相続分に従うと、妻と子1人がそれぞれ1500万円を相続することになります。

もっとも、夫としては、居住用の土地・建物（3000万円相当）を自分の死後も妻が安心して利用するため、自分が生きている間に、妻に対して贈与しておく場合が考えられます。しかし、生活資金（生計の資本）としての贈与は特別受益にあたるため、具体的相続分の算定においては、3000万円の価額が相続財産に持ち戻されます（みなし相続財産）。その上で、みなし相続財産から算出した相続分から特別受益の価額を差し引いた額を、妻は相続することになります。

そうすると、みなし相続財産6000万円から算出された相続分3000万円から特別受益3000万円が差し引かれる結果、妻の具体的相続分はゼロになります。このとき、妻は居住用の土地・建物に住み続ける

● 特別受益をめぐる改正について

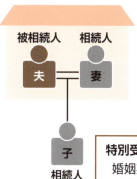

【みなし相続財産】⇒ 6000万円
- 居住用の土地・建物
  （遺贈や贈与が特別受益になる）
  ⇒ 3000万円
- 現金や預金など
  ⇒ 3000万円
  ※妻の具体的相続分はゼロ？

特別受益をめぐる改正
婚姻期間20年以上の夫婦間で、居住用の土地・建物の遺贈・贈与が行われた場合
⇒ 持戻し免除の意思表示があったと推定する（一応そのように考えること）
∴ その他の相続財産を相続することが可能になる

ことができるという点では保護されますが、それ以外に現金や預金などを相続することが難しくなります。これでは、被相続人死亡後の生存配偶者の生活に対するサポート体制は十分とはいえません。

そこで、2018年に成立した相続法改正により、特別受益に関する改正が行われました（2019年7月1日に施行予定）。相続法改正の目的のひとつとして生存配偶者の保護が挙げられますが、特別受益に関する改正も生存配偶者を保護する姿勢が強く打ち出されています。

つまり、婚姻期間20年以上の夫婦間で、居住用の土地・建物の遺贈や贈与が行われた場合、その土地・建物は特別受益ですが、原則として、その価額を相続財産に持ち戻さないとすることが可能になりました。これを**持戻し免除の意思表示の推定**といいます。被相続人が持戻し免除の意思表示をしていなくても、持戻し免除の考えが示されていたものとして取り扱うものです。

7 寄与分

寄与分とは

　被相続人の財産の維持や増加について多大な貢献（特別の寄与）をした相続人がいる場合に、その相続人の相続分を優遇して、他の相続人よりも多くの相続財産を分け与えることができます。これを**寄与分**といいます。

　注意しなければならないのは、寄与分が認められるのは相続人に限定されることです。たとえば、被相続人の近隣住民が被相続人の財産を維持するのに多大な貢献をしても、相続において近隣住民の貢献が考慮され、相続財産の一部が分け与えられることはありません。

　民法では、寄与分が認められる場合について、おもに以下の行為類型を定めています。

・被相続人の事業に関する労働力の提供（事業を手伝うなど）
・被相続人の事業に関する財産の提供（事業に出資するなど）
・被相続人の療養看護（病気の被相続人を看病するなど）

　もっとも、これらの行為類型にあてはまらない「その他の方法」によって貢献することも可能です。たとえば、自力で生活困難な被相続人の生活を全面的に援助することなどが考えられます。

　さらに、単なる寄与では足りず、**特別の寄与**が要求されていることも重要です。どのような場合に「特別な寄与」にあたるのかは、個々のケースを見て判断せざるを得ません。一般論として言えば、被相続人と相続人との身分関係から当然期待される程度を超えた多大な貢献があったときに、特別の寄与があったと判断することができると考えられています。たとえば、両親の扶養義務（親族が互いに負う生活保障の義務のこと）を果たすための行為は、当然期待される限度の範囲

● **寄与分**

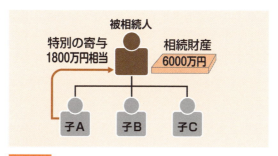

寄与分
みなし相続財産
　6000万円−1800万円＝4200万円
具体的相続分
　子A：1400万円＋1800万円＝3200万円
　子B：1400万円
　子C：1400万円

内である限り、原則として、特別な寄与にはあたりません。

　この点について、特別の寄与があったと判断する方向になりやすい要素として、①対価（報酬など）を得ていなかったこと、②ある程度の期間（相当期間）にわたり貢献を継続していたこと、③結果的に貢献につながったわけではなく、被相続人に対する貢献を主要な目的としていたこと、などを挙げることができます。

　そして、寄与分が認められるためには、相続人の貢献が、被相続人の財産の維持や増加につながったことも必要です。相続人がいくら頑張っても、それにより被相続人の財産が増加するか、少なくとも維持されなければ、寄与分が認められません。

寄与分はどのように計算するのか

　特定の相続人に特別の寄与が認められる場合、相続財産を配分する際に、どの程度を寄与分として特定の相続人に分け与えるのかについ

ては、相続人全員による協議によって定めるのが原則です。協議が成立しない場合は、特別の寄与をしたと主張する相続人が、家庭裁判所に対して寄与分を定めるよう申し立てることも可能です。

　寄与分の算定方法を具体例で見ていきましょう。たとえば、父（被相続人）が相続財産6000万円を遺して死亡した時点で、相続人として子A・B・Cの3人がいたとします。このうち、子Aが被相続人の療養看護に取り組んで、その相続財産の維持や増加に貢献し、1800万円相当分が寄与分として認められるとしましょう。

　この場合、相続分の算定基礎になる財産は、被相続人が持っていた積極財産から寄与分にあたる価額を差し引いて算出します。これがみなし相続財産です。上記の具体例では、「6000万円－1800万円＝4200万円」がみなし相続財産にあたります。それから、みなし相続財産を法定相続分に従って配分すると、子A・B・Cにそれぞれ1400万円が配分されます。最後に、子Aに配分された1400万円に寄与分1800万円を加算すると、「1400万円＋1800万円＝3200万円」が子Aの具体的相続分になります。子B・Cについては、それぞれ1400万円が具体的相続分になります。

寄与分にはどのような問題点があるのか

　寄与分は、被相続人の財産の維持・増加に対する相続人の貢献について、財産上の清算を行う制度だといえます。もっとも、実際には被相続人の子（相続人）ではなく、相続人の嫁（子の配偶者）や孫などが被相続人の療養看護に努めるなどして、被相続人の財産の維持や増加に多大な貢献をする場合も少なくありません。

　しかし、寄与分の制度は、あくまでも「相続人」に認められる制度ですから、被相続人が死亡したときの相続財産の配分において、相続人の妻や子など、相続人以外の人による多大な貢献を考慮することができないか、ということが問題とされています。

● **相続人以外の親族による特別寄与料の請求**

被相続人 → 相続人に特別寄与料の支払請求が可能

相続人　相続人　相続人の配偶者など → 相続人ではないため寄与分は認められない

特別寄与料の請求
請求できるのは相続人以外の親族（6親等内の血族、3親等内の姻族）
無償での療養看護や労働力の提供により被相続人の財産を維持・増加させたことが必要

　被相続人の孫については、相続発生時に相続人（被相続人の子）がすでに死亡していた場合などは、代襲相続が発生して相続権を取得することがあります。もし相続権を取得すると「相続人」として寄与分が認められる余地が生じます。しかし、相続発生時に相続人が生存している場合は、原則として代襲相続が発生しませんので、寄与分が考慮されることも原則としてありません。

相続人以外の親族による特別寄与料の請求が可能になった

　以上の問題点を受ける形で、2018年成立の相続法改正（2019年7月1日に施行予定）では、相続人以外の親族による特別寄与料の請求を認めることになりました。これにより、被相続人の介護などを担当することが多い相続人の嫁や孫などが、相続人に対して、特別寄与料として金銭の支払いを請求できるようになりました。

　特別寄与料の請求が認められるのは、相続人以外の「被相続人の親族」に限定されています。親族とは、6親等内の血族と3親等内の姻

族（配偶者の血族のこと）を指します。相続人の嫁は「1親等の姻族」にあたるので、特別寄与料の請求ができます。しかし、相続人の嫁が婚姻届を提出していない内縁の妻にあたるときは、被相続人の親族にあたりませんから、特別寄与料の請求ができません。

　特別寄与料の請求をするには、被相続人に対して無償で療養看護や労働力の提供をすることで、被相続人の財産の維持や増加について多大な貢献（特別の寄与）をしたことが必要です。どのような場合に「特別な寄与」にあたるのかは、基本的には寄与分の制度と同じように判断されますが、特別寄与料の請求は「無償で」療養看護などをしたことが要件になっていることに注意を要します。

　そして、特別寄与料の請求をするのは「相続人以外」の親族ですから、相続人に参加資格がある遺産分割協議の中で特別寄与料の請求をすることはできません。遺産分割協議以外の場面で、相続人と協議しながら特別寄与料の請求をすることになります。ただし、相続人との協議が進まない場合は、家庭裁判所に対して、相続人との協議に代わる処分を請求することができます。

　最後に、特別寄与料の請求については、期間制限が設けられていることに注意しなければなりません。具体的には、相続の開始と相続人が誰であるのかを知った時から6か月以内、あるいは相続開始時から1年以内に請求しなければなりません。

特別縁故者とは

　特別縁故者とは「被相続人と生計を同じくしていた者、被相続人の療養看護に努めた者その他被相続人と特別の縁故があった者」のことです。簡単に言うと、被相続人と密接な関係があった人です。

　被相続人が死亡した場合に、必ずしも相続人が存在するとは限りません。相続人が1人もいなかった場合や、相続人になるはずの人が全員相続権を失っていた場合は、相続人の不存在として扱われ、最終的

● 特別縁故者に対する相続財産の分与

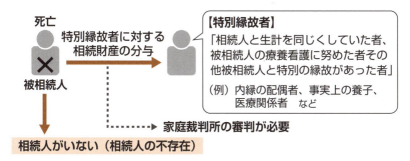

に被相続人の財産は国庫（国の財産のこと）に帰属します。

しかし、被相続人と密接な関係にある特別縁故者がいるときは、その人に被相続人の財産の取得を認めることが、被相続人の意思に沿っていると考えられます。特別縁故者は被相続人と同居していることも多いため、特別縁故者に対する相続財産の分与を認めることで、被相続人が死亡した後の生活保障を図ることも可能です。

そこで、相続人の不存在を条件として、特別縁故者に対する相続財産の分与が認められています。相続財産の分与は、特別縁故者にあたる人からの申立てを受けて、家庭裁判所の審判によって行われます。特別縁故者にあたる人の具体例として、婚姻届を提出していない内縁の配偶者、養子縁組を行っていない事実上の養子などが挙げられます。他にも、被相続人が自分の看護などの面でお世話になった友人や医療関係者なども、特別縁故者にあたるケースがあります。

家庭裁判所は、特別縁故者への相続財産の分与を認めるときは、被相続人の相続財産を清算した後に残っている相続財産の全部あるいは一部を特別縁故者に対して与えることができます。

特別縁故者にあたる者は、特別寄与料の請求の制度とは異なり、被相続人の療養看護などを無償で行った場合に限られないことにも注意が必要です。友人や医療関係者などが報酬以上に療養看護などに尽力したと評価された場合は、特別縁故者にあたる余地があります。

8 養子縁組

養子縁組とは

　血のつながりがない人同士の間で、親子関係をつくり出すことを**養子縁組**といいます。養子縁組によって子の立場になる人が**養子**、親の立場になる人が**養親**です。養子縁組には、当事者の合意と届出により成立する普通養子縁組と、家庭裁判所の審判により成立する特別養子縁組の2種類があります。

　養子縁組を結ぶと養子は養親の戸籍に入り、養親の氏（苗字）を名乗るのが原則です。さらに、養子は養親の嫡出子としての身分を取得するとともに、養親の親族との親族関係が発生します。

　ただし、普通養子縁組の場合は、養親は養子よりも早く生まれた成年者という年齢制限がありますが、養子の年齢制限はありません。さらに、実親（血のつながった両親のこと）との親子関係が解消されないので、普通養子縁組の養子（**普通養子**といいます）は、相続の場面において養親と実親の相続人となるわけです。

　これに対し、特別養子縁組は、虐待や育児放棄などを受けている子に適切な養育環境を確保するための制度であり、養子は原則として6歳未満で、独身者は養親の資格がないといった制限があります。特別養子縁組が成立すると、実親との親子関係が解消されるので、特別養子縁組の養子（**特別養子**といいます）は、相続の場面において実親の相続人になることはできません。

なぜ養子縁組をすると節税対策になるのか

　相続税には基礎控除額の制度があり、相続財産の総額が基礎控除額以下であれば、相続税は課税されません。基礎控除額は「3000万円

● 養子縁組による節税効果

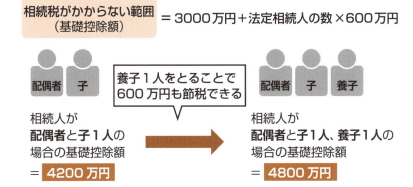

＋600万円×相続人の数」という数式によって計算されます。

　養子縁組が節税対策とされるのは、養子をとることで、相続人の数を増やすことができるからです。たとえば、相続人として配偶者と子1人しかいない人が、養子1人をとった場合、基礎控除額は4200万円から4800万円に上がり、600万円の節税効果が得られます。

　しかし、相続税法では、無制限に養子をとって課税を免れることを防止するため、相続人に追加できる養子の上限があります。具体的には、実子（血のつながった子のこと）がいない場合は養子2人、実子がいる場合は養子1人が上限です。なお、特別養子は実子と変わらない扱いを受けますので、上記の養子には含まれません。

養子縁組のデメリットにも注意する

　養子縁組は節税効果が期待できる反面、相続人となる親族の側から見れば、自分たちの相続分が減ることになるため、親族に内緒で養子をとった場合は、相続争いに発展する可能性があります。その他、養子が遺産の取得を強く主張した場合に、遺産分割協議が難航することも考えられます。養子縁組にあたっては、親族の了解を得ておくことがトラブル防止につながります。

9 内縁と相続

内縁とは

　婚姻届の提出という法律が定めた手続きを経ている男女の関係のことを法律婚といいます。これに対し、夫婦として生活しているという実体はあるものの、婚姻届を提出していない男女の関係のことを内縁といいます。内縁は事実婚と呼ばれることもあります。

　男女の関係が内縁であると認められるには、夫婦として共同して生活している実体があることと、夫婦として共同生活をする合意が成立していることが必要であると考えられています。

内縁の夫婦間では相続が発生しないことに注意

　現在は、内縁の夫婦についても、法律婚の夫婦と大きく変わらない扱いがなされつつあります。たとえば、内縁の配偶者を健康保険の被扶養者にすることができますし、一方が死亡した場合に配偶者として遺族年金を受給することができる場合もあります。

　しかし、相続については法律婚が重視され、内縁の夫婦間では相続が発生しないことに注意が必要です。つまり、内縁の夫婦の一方が死亡しても、生存配偶者が相続人になることはできないのです。2018年の相続法改正で新設された特別寄与料の請求も、内縁の配偶者は対象外です。相続の場面では、内縁の配偶者の地位は非常に弱いと言わざるを得ないのが現状です。

　したがって、内縁の夫婦の一方が死亡した場合に、財産を配偶者に遺すためには、死因贈与の契約を結んでおくか、配偶者に遺贈するとの遺言書を作成しておくことが必要です。その他、生存中から非課税枠の範囲で少しずつ財産を贈与しておく方法もあります。

● 内縁と相続

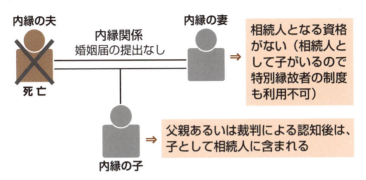

　内縁の夫婦の一方が死亡した場合、内縁の配偶者が故人と同居し、生活に必要な費用を共有するとともに、故人の療養看護をするなど、故人と密接な関係があった認められる場合は、**特別縁故者**（⇨ P.70 参照）として財産が分け与えられる可能性があります。

　しかし、特別縁故者の制度は、相続人が1人もいない場合に、はじめて認められる制度です。したがって、死亡した内縁の配偶者に相続人がいるときは、前述した死因贈与や遺贈がない限り、その相続人が相続財産の配分を受けるのであって、内縁の配偶者は相続財産の配分を受けることができなくなります。

内縁の夫婦間の子の相続分はどうなるか

　内縁の夫婦間から生まれた子について、母との親子関係は分娩の事実によって当然に母子関係が認められます。一方、父との親子関係は当然には認められず、認知があった後に父子関係を認めることが可能になります。そのため、内縁の夫婦間の子は、当然に母の相続人としての地位を取得します。しかし、父の相続人としての地位を取得するのは、認知があった後になります。なお、内縁の夫婦間の子は、婚外子（非嫡出子）として扱われますが、法律婚における子（嫡出子）と同等の法定相続分が認められます。

Column

死後離婚と相続

　死後離婚とは、民法が定める「姻族関係終了の意思表示」のことで、配偶者と死別した後、その両親などとの姻族関係（結婚によって生じる親族関係のこと）を終わらせる制度です。テレビなどで取り上げられるようになり、この制度を利用する人が年々増えています。とくに女性（妻）側からの届出が多いようです。

　結婚すると配偶者の両親などとの間で姻族関係が生じます。これに対し、配偶者と死別すると婚姻関係は終了しますが、姻族関係はそのまま残ります。たとえば、夫が死亡しても、残された妻と夫の両親との姻族関係は継続します。この場合、死亡した配偶者の親族との姻族関係を終了させる制度が死後離婚（姻族関係終了の意思表示）であり、その手続きは「姻族関係終了届」を本籍地または住所地の市区町村に提出するだけです。提出期限もありません。

　姻族関係終了届の提出により、姻族関係は終了しますが、死別した配偶者の相続財産を相続することはできますし、遺族年金についても、要件を満たしていれば受給することができます。戸籍については、死別した配偶者といっしょの戸籍のままです。氏もそのままとなり、旧姓に戻す場合には「復氏届」を提出する必要があります。

　なお、2018年の相続法改正（2019年7月1日に施行予定）により、相続人ではない戸籍上の親族が、無償で介護や労務の提供により被相続人に貢献した場合、相続人に「特別寄与料」を請求できるようになります。たとえば、夫と死別した妻が、夫の両親の介護などで貢献した場合、夫の両親の相続権を持たない妻が、相続人に対し金銭の支払いを請求できるという制度です。しかし、夫の両親の死亡前に姻族関係終了届を提出すると、夫の両親の親族でないことを理由に、妻は特別寄与料を請求できなくなる可能性があるのが留意点です。

第3章
遺言の書き方と法律常識

1 遺贈

遺贈は遺言で財産を一方的に与えることである

遺贈とは、遺言によって、自分が指定した人（受遺者）に対し、自分の財産を一方的に与えることをいいます。遺贈をする場合は、必ず遺言書を作成することが必要です。その一方で、受遺者は相続人にする必要はなく、誰でもかまいません。後述するように、遺贈は財産を与える方法に応じて、特定の財産を与える特定遺贈と、分数的割合で財産を与える包括遺贈に分類することができます。

もっとも、被相続人自らが死亡することで相続が始まるため、遺言書を作成しなくても、相続人に対しては、自動的に自分の財産を自分の死後に与えた状態が作り出されます。後は相続人全員が遺産分割協議に参加し、話し合いなどで相続財産を分配すればよいわけです。

しかし、自分が死んだ後は、自分の財産を相続人以外の人物や団体に与えたいと考える場合は、遺言書を作成して遺贈をすることが求められます。たとえば、自分の死後は内縁の配偶者や慈善団体に自分の財産を与えたいときは、これらの者に遺贈をしておきます。

遺贈は財産を一方的に与えるものなので、受遺者の意向とは無関係に、遺言者が死亡した時に効力が発生します。遺贈の内容を実現する者（遺贈義務者）は、原則として相続人ですが、遺言執行者がいる場合は遺言執行者です。遺贈義務者は、受遺者に遺贈の対象になっている財産を譲り渡す義務を負います。その一方で、受遺者は遺贈を受け入れるかどうかを選択できます。遺贈の受入れを認めることを遺贈の承認といい、受入れを拒否することを遺贈の放棄といいます。

そして、遺贈は「遺言」によって行うので、遺言が必要な方式に違反している場合などは、遺言が無効になる結果として、遺贈も無効に

● 遺贈とは

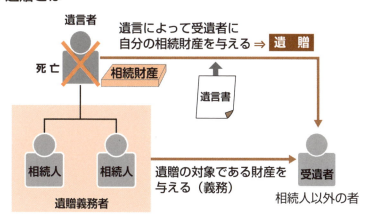

なります。また、遺贈は相続とは異なり、遺言者の死亡時に受遺者が死亡していた場合について、相続における代襲相続のような制度はありません。つまり、受遺者の相続人が代わりに遺贈を受けることは認められていません。遺贈の目的物については、相続財産に含まれる範囲に限られており、遺言者の死亡時に遺贈の目的物が相続財産の範囲に含まれていなければ、原則として遺贈は無効になります。

死因贈与と遺贈との違い

遺贈と類似した行為として死因贈与があります。**死因贈与**とは、財産を与える側の人（贈与者）が死亡した時に、財産を受贈者に与えるという効果が発生する贈与契約（財産を無償で与える契約のこと）をいいます。死因贈与は、財産を与える側の人の死亡時に効力が発生する点で、遺贈と共通しています。しかし、死因贈与は「契約」であることから、遺贈のような厳格な方式に従う必要はありません。

これに対し、遺贈は、遺言という民法が定める厳格な方式を用いるため、これに従った遺言書の作成が必要です。たとえば、自筆証書遺言の方式を用いる際は、全文の自書と署名押印が必要です。

相続させる旨の遺言と遺贈との違い

　遺言書で相続人に財産を与えるときは、遺贈ではなく「相続させる旨の遺言」を用いるのが一般的です。相続させる旨の遺言とは、被相続人が持っている特定の財産を相続人に相続させる遺言のことで、相続人だけに対して行うことができます。たとえば、遺言書に「○○市○○町にある建物を相続人Ａに相続させる」と記載した場合に、相続させる趣旨の遺言として扱われます。単に「与える」と記載するのではなく「相続させる」と記載するのがポイントです。

　このような相続させる旨の遺言がある場合、「○○市○○町にある建物」の帰属先が「相続人Ａ」になることが確定し、これに反する遺産分割ができなくなります（遺産分割方法の指定といいます）。その結果、相続人Ａは単独で所有権移転登記の申請手続きができます。

　これに対し、相続人が不動産の遺贈を受けた場合、所有権移転登記の申請手続きは、他の相続人との共同申請（遺言執行者がいるときは遺言執行者との共同申請）になります。他の相続人（あるいは遺言執行者）が協力してくれなければ、訴訟の提起が必要です。

特定遺贈とは

　特定遺贈とは、特定の財産を遺贈することです。たとえば、遺言書に「○○市○○町にある土地をＢに遺贈する」「現金100万円をＢに遺贈する」と記載するのが特定遺贈の例として挙げられます。

　特定遺贈における受遺者は、遺言者の死亡後、いつでも特定遺贈の承認や放棄ができます。ただし、いったん特定遺贈の承認や放棄をすると、後から撤回できなくなることに注意を要します。

　また、受遺者が特定遺贈の承認も放棄もしない場合、相続財産の行方が確定しないという不安定な状態が生じます。そこで、遺贈義務者などは、受遺者に対して、期間を定めた上で、特定遺贈の承認や放棄をするように催促ができます。この催促に受遺者が応答しない場合は、

● 特定遺贈と包括遺贈

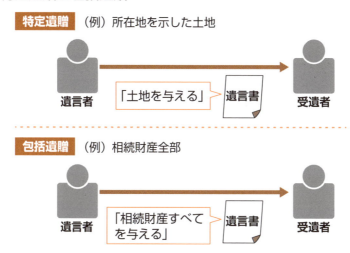

特定遺贈を承認したものと扱います。

包括遺贈とは

　包括遺贈とは、相続財産の全部あるいは「〇分の〇」という分数的割合で示した一部を遺贈することです。たとえば、遺言書に「相続財産の全部をCに遺贈する」「相続財産の3分の1をDに遺贈する」と記載するのが包括遺贈の例として挙げられます。包括遺贈の最大の特徴は、受遺者が相続人と同じ地位に立つことです。そのため、不動産や現金などの積極財産とともに、借金などの消極財産も取得します。

　さらに、包括遺贈の承認や放棄も、相続の承認や放棄と同様に扱います。具体的には、包括遺贈を放棄する場合は、自分のために包括遺贈があったのを知った時から3か月以内（熟慮期間内）に、家庭裁判所に包括遺贈の放棄の申述をします。これに対し、包括遺贈の限定承認をする場合は、相続人全員や他の包括受遺者と共同して、熟慮期間内に限定承認の申述をします。何もしないで熟慮期間を経過すると、包括遺贈を単純承認したものと扱われることに注意が必要です。

2 法定相続分を超える権利の承継と第三者

法定相続分を超える権利の承継の問題点とは

　たとえば、夫AがX土地とY土地を遺して死亡し、相続人として妻Bと子Cのみがいるとします。この場合、BとCの法定相続分はそれぞれ2分の1であるため、BとCは、X土地を2分の1の持分で共有するとともに、Y土地も2分の1の持分で共有するのが原則です。共有とは、1つの物を共同して所有している状態を指します。

　しかし、夫Aが「子CにX土地の全部を相続させる」という遺言書を遺していた場合、これは相続させる旨の遺言にあたります。夫Aの遺言は、X土地について法定相続分（2分の1）を超える遺産分割方法の指定をしていますが、これによってX土地の帰属先が子Cに確定しますので、夫Aの遺言に従って子CがX土地を承継します。

　そして、残ったY土地については、夫Aが遺言書を遺していなければ、BC間の遺産分割協議によって、どちらが遺産を取得するのかを決定します。本ケースのような場合は、子CがX土地を取得していることから、通常は妻Bに残りのY土地を取得させるでしょう。しかし、BC間の合意があれば、子CにY土地も取得させるとの遺産分割協議を成立させることも可能です。

相続人以外の第三者との関係

　上記の事例で、夫A（被相続人）の遺産について、相続させる旨の遺言によって、子CがX土地の全部を相続した後、妻BがX土地について法定相続分に従った相続登記（BとCがそれぞれ2分の1の持分を持っているとの登記）を経た上で、第三者Dに自らの2分の1の持分を売却したとします。法定相続分に従った相続登記の申請は、相続

● **法定相続分を超える遺産承継と第三者**

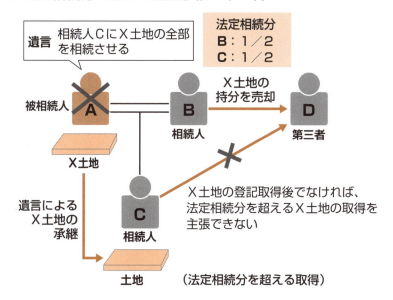

人が単独で行うことができるため、このような問題が生じます。

　2018年の相続法改正（2019年7月1日に施行予定）では、法定相続分を超える権利（おもに不動産や動産の所有権）を取得した相続人は、対抗要件を備えなければ、第三者に法定相続分を超えた部分の権利の取得を主張できないことを明確にしました。とくに「相続させる旨の遺言」による場合、以前は対抗要件が不要でしたが、2018年の相続法改正によって運用が変わる点に注意が必要です。なお、対抗要件とは、第三者に自分の権利を主張するために必要なもので、不動産の場合は登記、動産の場合は引渡しが対抗要件になります。

　したがって、子Cは、第三者Dが2分の1の持分の取得を登記するよりも前に、X土地の全部を相続したとの登記をしなければ、第三者Dに対して、X土地について2分の1の持分を超える部分の取得を主張できなくなります。もし主張できないときは、X土地をCとDがそれぞれ2分の1の持分で共有することになります。

3 遺言書

なぜ遺言書を作成するのか

　人は生きている間、自分の財産をどのように処分するのかを自由に判断できるのが原則です。そして、このような自分の財産に対する自由は、基本的には死後も認めるべきとも考えられます。

　しかし、死後に自分の考えを示すことはできませんから、生前から死後の財産の処分についての考えを示しておくことが必要です。自分の死後の財産処分に関する一定の考えを「遺言書」の形で示しておくことで、遺された親族間でのトラブルを防ぐことにもつながります。

　なお、遺言書は日常生活の中で遺書と呼ばれていますが、遺言書が民法の定める厳格な方式に従って作成し、法的な効力が備わった文書のみを指すのに対し、遺書は故人が遺した文書全般を指します。

どんな場合に遺言書を作成するのか

　遺言書は、遺言者（被相続人）がさまざまな目的から、自分の財産について、誰に対し、どのように分配してほしいのかを明確にする手段として作成されます。なお、遺言書と似ている言葉として「遺言」があります。遺言書に書かれている故人の考えのことを遺言といいますが、遺言書の意味で「遺言」を使うこともありますので、両者は同じ意味を持っていると考えて支障はないでしょう。

　典型的な例が、自分の配偶者や子など、特定の人に多くの財産を遺したいという目的から、その特定の人に多くの財産を与えることを遺言書に明記しておく場合です。これにより、法定相続分にとらわれることなく、遺言者が希望したとおりの財産の分配を実現することが可能になります。

● **遺言書が必要になる場合**

遺言書の目的	遺言すべき内容
①特定の人に財産を多く与える	誰に対し、どの財産（どのくらいの割合の財産）を与えたいのか明記する
②相続人以外の人に財産を与える	・相続人以外の人（内縁の配偶者、お世話になった人など）に財産を与えることを示す ・相続人以外の人にどの程度の財産を渡したいのか明記する
③個人事業の後継者を指名する	法定相続分とは異なる遺産分割の指定として、後継者に指名した者に対し、事業に必要な一切の不動産や機械などを承継させると明記する
④相続人の廃除を行う	特定の相続人に財産を一切与えたくないことを示す（家庭裁判所の審判が必要）

　次に、相続権がない人（内縁の配偶者、お世話になった人など）に財産を遺したいという目的がある場合です。この場合は、相続権がない人に財産を与える（遺贈にあたります）ことと、どのくらいの財産を与えたいのかを、遺言書の中で明記しておくことが必要です。遺言書を作成しておかないと、相続権がない人に対し、自分の死後に財産を与えることができなくなるからです。

　遺言者が自分の財産を与えるに際し、「結婚した時に財産を与える」という停止条件をつけたり、「ペットの面倒をみること」という負担をつけたいという目的がある場合は、必ず遺言書の作成が必要です。遺言書に停止条件や負担を明記しなければ、とくに停止条件や負担のない状態で、遺言者の死後に財産が承継されてしまいます。なお、条件の内容が成就した時に遺言の効力が生じるとするのが停止条件、財産を受け取る人に一定の義務を与えるのが負担です。

　さらに、遺言者が会社を設立せず、個人の立場で事業をしていた場合は、遺言書の中で後継者を指名することがあります。事業用の不動産や機械などは、個人事業のときは相続財産に含まれますので、法定

相続分に従って分割されると、事業の継続が困難になる事態も考えられます。そこで、法定相続分とは異なる分割方法の指定として、後継者に指名したい者に対し、事業に必要な不動産や機械などの一切を承継させることを明記した遺言書を作成することで、事業承継をスムーズに行うことができるというメリットがあります。

以上に対し、特定の相続人に自分の財産を一切与えたくない場合もあります。この場合、相続人の廃除を行うことが考えられますが、相続人の廃除は遺言書に明記して行うことも可能です。ただし、相続人の廃除を実現させるためには、家庭裁判所の審判が必要であり、家庭裁判所が廃除を認めないこともある点に注意を要します。

遺言書にはどんなことを記載するのか

法的な効力が備わった遺言書を作成するためには、法律上意味のある事柄を記載することが必要です。これを「遺言事項」と呼ぶことがあります（⇨ P.92 参照）。法律上意味のある記載事項は、①法律によって遺言でしか行うことが許されない事柄に関する事項と、②遺言者の生前に他の方法で行うことができる法律上の事柄を、遺言によって行う場合に記載する事項、の２つに分類することができます。

まず、法律によって遺言でしか行うことが許されない事柄に関する事項として、遺贈（⇨ P.78 参照）を挙げることができます。遺産分割方法の指定をする場合も、必ず遺言によらなければなりません。遺言執行者（遺言書の内容を実現してくれる人のこと）の指定も、遺言書を作成して明記することが必要です。

これに対し、他の方法でも可能な法律上の事柄に関する遺言の記載事項として、婚外子について父親が認知を行う際に、遺言で認知を行うことがあります。特定の相続人に自分の財産を与えたくない場合は、その特定の相続人を廃除する内容の遺言書を作成すれば、遺言者の死後に、遺言執行者が家庭裁判所に審判の申立てを行います。

書式 遺言書の書き方

遺言書

【ポイント①】表題は「遺言書」と明記する。

　遺言者○○○○は、次のとおり遺言する。

1．遺言者は、次の財産を妻○○○子（昭和○○年○月○日生）に相続させる。

【ポイント②】相続人の続柄などを明記して、相続人を特定する。

　①　土地
　　　所在　大阪府○○市○○町○丁目
　　　地番　○○番
　　　地目　宅地
　　　地積　123.45平方メートル

【ポイント③】土地・建物は不動産登記簿（登記事項証明書）に記載された事項を記載されたとおりに記入する。

　②　建物
　　　所在　大阪府○○市○○町○丁目○番地
　　　家屋番号　○○号
　　　構造　木造瓦葺２階建居宅
　　　床面積　１階99.9平方メートル　２階79.9平方メートル

2．遺言者は、次の預貯金、有価証券を、子○○○○（平成○○年○月○日生）に相続させる。

　①　預貯金　○○銀行　○○支店　口座番号3333333の遺言者名義の普通預金

【ポイント④】預貯金は銀行名などの他に口座番号も明記する。

　　　○○信用金庫　○○支店
　　　口座番号　444444の遺言者名義の普通預金。

【ポイント⑤】相続財産が別途見つかった場合に備えた表記を入れておく。

　②　有価証券　株式会社○○の株式のすべて

3．その他の遺言者に属する一切の財産を、妻○○○子に相続させる。

4．この遺言の遺言執行者として、次の者を指定する。
　　　大阪府○○市○○町○丁目　○番○号
　　　○○○○

【ポイント⑥】遺言執行者を指定する場合には、その人の特定に必要な住所・氏名を明記する。

平成30年10月10日

　　　　　　　　　　　　　　大阪府○○市○○町○丁目○番○号
　　　　　　　　　　　　遺言者　○○○○（昭和○○年○月○日生）㊞

【ポイント⑦】遺言書の最後に、遺言書の作成日、遺言者の住所・氏名・押印（実印）が必要。

第3章　● 遺言の書き方と法律常識

4 遺言書の種類

どんな種類があるのか

　遺言書は、遺言者が、生前に、自分の死後の財産処分に関する意向を明確にするとともに、その意向に法的な効力を備えさせることができる重要な書面です。そのため、民法の定めによって、遺言書の作成について厳格な方式を求めています。

　そして、民法が要求する遺言書の方式には、大きく普通方式と特別方式に分類することができます。**普通方式**には、自筆証書遺言、公正証書遺言、秘密証書遺言の３つの方式があります。これに対し、**特別方式**には、死亡の危急に迫った者の遺言、伝染病隔離者の遺言、在船者の遺言、船舶遭難者の遺言の４つの方式があります。

　このうち特別方式に含まれる４つの方式は、遺言者本人が書面を作成する余裕のない状況などを想定して、そのような状況に置かれた場合にも遺言をすることを保障するためのものです。特別方式による遺言ができる状況は非常に稀なので、私たちが遺言をするときは、普通方式によらなければならないといえるでしょう。

　普通方式に含まれる３つの方式は、いずれも「遺言書」という書面を作成することが必要とされています。遺言は遺言者の生前の意向を明確にすることを目的として作成するものですが、それは遺言者の死後に再確認することができないからです。

　したがって、普通方式については、遺言書の作成について厳格な方式を要求するとともに、書面化を義務づけることによって、遺言者の意向が正確に反映されたものであることを、遺言者自身によって明らかにさせようとしています。

● **普通方式と特別方式**

【普通方式】（例）自筆証書遺言

【特別方式】（例）死亡の危急に迫った者の遺言

普通方式は自筆証書遺言と公正証書遺言が利用されている

　遺言の基本形態であって、私たちが遺言をする場合に、原則として従うことになる普通方式について見ていきましょう。

① **自筆証書遺言**

　自筆証書遺言とは、遺言者が書面に全文・日付・氏名を自書（自分で書くこと）した上で、その書面に遺言者が押印することによって成立する遺言をいいます。他人が遺言書の作成に関与しないので、誰にも知られることなく比較的簡単に作成することができます。

　なお、2018 年の相続法改正により、2019 年 1 月以降は、添付書類である財産目録（持っている財産を一覧にした表のこと）に限り、自書による必要はなく、すべてのページに遺言者が署名押印をすることを条件として、パソコンなどで作成することが可能になります。

② **公正証書遺言**

　公正証書遺言とは、遺言者が遺言の内容を公証人に伝えて、その内容を公証人が公正証書の形で書面化したものに、遺言者・証人・公証人が署名押印することによって成立する遺言をいいます。

公正証書遺言の作成は、遺言者が公証人や証人の目の前で、遺言内容を伝える手続きが必要ですので、他人が遺言内容を改ざんする危険が非常に少ないというメリットがあります。しかし、公証人や証人に遺言内容を知らせなければなりません。遺言者が誰にも知られることなく遺言を作成したい場合は、不向きな方式だといえます。

③　秘密証書遺言

　秘密証書遺言とは、遺言者が遺言書を作成して封印し、その封書に遺言者・公証人・証人が署名押印して成立する遺言をいいます。遺言の存在自体は明らかになりますが、本文を自書する必要がなく、遺言内容が他人に知られないというメリットがあります。ただし、秘密証書遺言については、自筆証書遺言よりも作成の手続きが煩雑であることから、あまり利用されていません。

特別方式は例外的な方式である

　特別方式は、普通方式による遺言ができない状況の下で、例外的に認められる方式です。そのため、特別方式による遺言をした人が、普通方式による遺言ができる状態になった時点から6か月間生存している場合、特別方式による遺言の効力が失われてしまいます。

①　死亡の危急に迫った者の遺言

　病気などのために死が差し迫っている人が、3人以上の証人の立会いの下で、そのうちの1名が遺言者から伝え聞いた（口授といいます）遺言内容を書面に起こすことによって成立する遺言をいいます。

　遺言書の作成過程に遺言者が関わっていないため（証人が書面に起こしています）、遺言者が遺言をした日から20日以内に、家庭裁判所の確認を得なければ、遺言としての効力が認められません。

②　伝染病隔離者の遺言

　伝染病などのために隔離された人が、警察官1名と証人1名以上の立会いの下で、自ら遺言書を作成することによって成立する遺言をい

います。遺言書を作成する際に自書であるか否かは問われません。
③　**在船者の遺言**
　船舶の上にいる人が、船長あるいは事務員1名と証人2名以上の立会いの下で、自ら遺言書を作成することによって成立する遺言をいいます。伝染病隔離者の遺言と同様で、自書による必要はありません。
④　**船舶危難者の遺言**
　船舶の上にいる人について、船舶が遭難したために死が差し迫っている場合に用いることができる遺言をいいます。証人2名以上が立会いの下で、遺言者が遺言内容を伝え、証人が遺言内容を書面に起こすことになります。
　証人は遺言者の目の前で書面を作成する必要はなく、証人もまた船舶が遭難している状況にいるため、遭難状態が解消された後に、書面を作成することも認められます。ただし、遺言者が遺言書の作成過程に関わっていないため、家庭裁判所の確認を得ることが必要です。

遺言書の代筆は認められるのか

　遺言の方式によっては、公正証書遺言や秘密証書遺言など、遺言者が自書しなくても、遺言として有効と認められる場合もあります。
　しかし、とくに自筆証書遺言の場合は、遺言者自身が自書して遺言書を作成しなければ、遺言が無効になってしまいます。そこで、自筆証書遺言を作成する際に、代筆は許されないのか、どの程度まで他人が関与すると代筆と判断されるのかが問題になります。
　自筆証書遺言は、遺言者の意向が正確に示されていることを、遺言者の筆跡によって作成された遺言書により明らかにする方式ですので、代筆は一切許されません。ただし、病気などの影響で自力では字を書くことが困難な人について、遺言者の自由な筆記に対して影響を与えるおそれがない形態での「添え手」の程度であれば、代筆にあたらず許されると考えられています。

5 遺言の内容は法律で定められている

法律で定められているおもな遺言事項とは

　遺言は、遺言者が生きている間に、自分の死後の財産処分に関する意向を明確にするための手段です。そして、遺言者が一方的に遺言書を作成することで、他人の置かれている地位が変動するなど、法的な効力を発生させるのが遺言であると考えられています。

　たとえば、遺言による未成年の婚外子（非嫡出子）の認知は、認知を受ける相手方（未成年の婚外子の側）の意向に関係なく、遺言者である父親と相手方との間に、いわば強制的に親子関係を発生させる効力があります。これにより、未成年の婚外子は、死亡した父親の財産を相続する権利を取得することができます。

　このように、遺言は他人の置かれている地位を強制的に変動させるおそれがあるため、遺言をした内容について無制限に法的な効力を認めるわけにはいきません。そこで、民法の定めによって、相手方が利益を得たり不利益を被ったりするなど、法的な効力が付与される遺言の内容を、ある程度限定しています。そして、一般的に法的な効力が付与される遺言の内容のことを**遺言事項**と呼んでいます。

　遺言事項については、法律によって遺言でのみすることが許される事柄に関する事項と、遺言者の生前に他の方法で行うことができる事柄を遺言する事項の２つに大きく分類されます。その他には、以下のように、①相続、②相続以外の財産処分、③身分関係、④遺言の執行といった事柄に応じて、遺言事項を分類することもできます。

① 相続に関係する事柄

　民法で定められている相続に関する事柄を修正（変更）する事項が挙げられます。おもな事項は以下のとおりです。

● おもな遺言事項と方式に反する遺言の効力

【おもな遺言事項】

① 相続に関する事柄　（例）相続人の廃除など

② 相続以外の財産処分に関する事柄　（例）遺贈に関する事項

③ 身分関係についての事柄　（例）婚外子の認知

④ 遺言執行に関する事柄　（例）遺言執行者の指定

【方式に反する遺言の効力】（例）自筆証書遺言

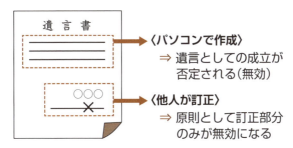

・相続人の廃除あるいは廃除の取消し
・相続分の指定（指定相続分）あるいはその委託
・遺産分割方法の指定（相続させる旨の遺言）あるいはその委託
・特別受益者の相続分（持戻し免除の意思表示など）

② 相続以外の財産処分に関する事柄

　遺言者が自分の死亡した時の財産処分について、相続以外の方法を望む場合があります。この場合、遺言書の中で明確にその考えを示しておく必要があります。おもな事項は以下のとおりです。

・遺贈（遺贈は相続人以外の人に対してすることも可能です）
・遺産に基づく一般財団法人の設立
・遺産に関する信託の設定

③ 身分関係についての事柄

　親子関係といった身分関係についての事柄は、相続や財産処分に関

する事柄以上に、遺言者の意思を尊重することが求められます。以下のような事項は、遺言書の中で明確に示しておく必要があります。
・婚外子（非嫡出子）に対する父親の認知
・子が未成年の場合の未成年後見人や未成年後見監督人の指定

④　**遺言の執行に関する事柄**

遺言内容の実現に向けた事柄として、以下のような事項を遺言しておくことが認められています。
・遺言執行者の指定あるいはその委託
・遺言執行者の報酬や複数名の場合の任務執行など

法律上の形式に反する遺言の効力

遺言には普通方式と特別方式があります（⇨ P.90 参照）。遺言者は自身が行おうとする遺言の種類に応じた方式に従うことで、遺言者が死亡した時に、その遺言の効力が発生します。

しかし、遺言の種類に応じた方式に違反して作成された遺言については、遺言としての成立が否定され、当然に無効と扱われます。たとえば、自筆証書遺言において、パソコンを使って全文を作成した場合には、自筆証書遺言としての成立が否定されて無効と扱われます。

本人以外の者が遺言書を変更するとどうなる

遺言書の内容の一部について、追加・削除・訂正といった変更が必要になった場合には、遺言者本人が、変更する場所を指し示し、その場所について変更したことを自書した上で署名し、変更した場所に押印（遺言書に押印したものと同じ印鑑を使用します）することで、遺言書の変更を行うことができます。

遺言書の変更が必要になったら、以上の方式に従えばよく、全文を書き直すことが必要になるわけではありません。もっとも、遺言書の変更について遺言者の署名押印が求められているのは、遺言者自身に

よる変更であることを明確にする目的があります。変更の権限を持たない他人による遺言書の内容の変更（改ざん）は許されません。

　遺言者でない他人が遺言書の内容を変更した場合は、遺言書の変更の方式に違反することになります。しかし、他人が変更したことによって、当然に遺言全体が無効になるわけではありません。原則として、他人が変更をした部分のみが無効になり、変更がなされていない遺言として、依然として効力が認められます。

　しかし、他人による変更によって、遺言自体の方式に違反する状態になったときや、元の文字を読むことが困難になったときなどは、遺言全体が無効になることもあると考えられています。

署名押印についての問題

　遺言書に署名が求められているのは、遺言者を特定するという目的があります。したがって、遺言者が特定される限り、厳格に戸籍上の氏名を記載しなければならないわけではなく、通称を用いて記載することも許されます。一方、署名をしていたとしても、遺言者と第三者とを混同されるような記載がなされているときは、有効な署名として認めることができません。

　遺言書に押印が求められているのも、遺言者の特定という目的からです。署名の他に押印も要求することで、遺言で示された内容が、遺言者の意向を忠実に反映しているものであるのか、遺言者自身に再確認してもらう目的もあります。

　押印の際に使用すべき印章については、とくに法律上の制限はありません。必ずしも実印によらなければならないわけではなく、認印や指印による押印も法律上は認められますが、できる限り実印を使用したほうがよいでしょう。とくに公正証書遺言に遺言者が押印する印鑑については、実印を使用することを要求されるのが一般的です。

6 こんな遺言書には注意が必要

記載内容が不明確な遺言書はどのように扱うか

　民法が定める方式に従って作成された有効な遺言書は、その内容を実現していかなければなりません。ここで問題となるのが、遺言書の文字が判読できなかったり、記載内容が一見すると矛盾するなどの理由で、遺言書に記載された内容が不明確な場合です。とくに自筆証書遺言においてトラブルの原因になることが多いようです。

　まず、記載内容が不明確である理由が、遺言者自身が意図的に文字を抹消したためである場合には、文字を抹消した部分については、遺言者が遺言を撤回したものとして扱います。

　これに対し、記載内容が不明確である理由が、遺言書が汚れて文字の判読が難しくなっていたり、推敲不十分で記載内容が矛盾しているように見えたりするなど、遺言者が意図したものでない場合には、遺言者が書き記した真意をくみ取って、遺言内容を解釈することが許されます。その際には、遺言書作成当時の事情や、遺言者の置かれていた状況なども考慮することができます。しかし、解釈によっても遺言者の真意がくみ取れなければ、記載内容が不明確な部分は存在しないものとして扱うことになります。

日付の記載がない遺言書の取扱い

　自筆証書遺言の場合、遺言者が自ら日付を自書することが必要とされており、日付の自書がない自筆証書遺言は無効です。ただし、具体的に「〇〇〇〇年〇〇月〇〇日」などの暦日を用いて記載しなくてもかまいません。遺言書が作成された年月日を特定できればよいため、たとえば「〇〇歳の遺言者の誕生日」と記載していれば、客観的に特

● **注意が必要な遺言書**

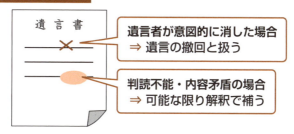

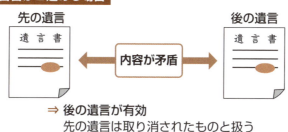

定可能な日付が記載されたものとして認められます。

　記載されている日付に誤りがあれば、遺言書の作成年月日が特定できないため、自筆証書遺言は無効になるともいえます。しかし、客観的に誤記であることが明らかな場合は、遺言者が本来記載しようとした日付に作成された遺言であると扱う余地があります。

遺言書が2通ある

　遺言者は自由に遺言の取消し（撤回）をすることができます。たとえば、「先の遺言を取り消す」ことを明らかにした上で、新たに作成した「後の遺言」によって、先の遺言を取り消すことができます。

　しかし、後の遺言で「先の遺言を取り消す」ことを明らかにしなくても、後の遺言の内容が先の遺言の内容と矛盾する場合には、後の遺言が有効であり、先の遺言は取り消されたものと扱います。

7 遺言の取消し

どんな場合に遺言の取消しが問題になるか

　遺言は、遺言者が生前に作成し、遺言者が死亡した時点で効力が発生します。しかし、生きている間に、遺言者が作成当初とは異なる考えを持つようになって、遺言の内容を変更したいと思う場合があるかもしれません。また、遺言者を取り巻く事情が変動し、遺言の内容を修正しなければならない場合もあります。

　そこで、遺言の効力を生じる前であれば、遺言の取消し（撤回）が自由に認められています。遺言の全部を取り消してもよいですし、その一部の取消しも可能です。

　遺言の取消しは遺言で行わなければなりません。遺言は作成時点における遺言者の考えを反映している点から、それを取り消す場合にも、遺言者の確かな考えに基づく取消しであることを、遺言によって明らかにする必要があるためです。もっとも、遺言を取り消すことが明確にされていなくても、前後の遺言の内容が客観的に両立不可能である場合は、前の遺言が取り消されたものと扱われます。

　遺言の取消しについては、当初の遺言と同じ方式で取消しを行うことは要求されていません。たとえば、当初の遺言が公正証書遺言の方式によって作成されていた場合、この遺言の取消しを行うために作成した遺言が自筆証書遺言の方式であったとしても、民法が定める方式に従って作成されていれば、自筆証書遺言による公正証書遺言の取消しが認められます。

　なお、遺言の取消しをしていなくても、遺言者が遺言書を意図的に破棄したときは、破棄された部分あるいは遺言全体が取り消されたものとして扱います。

● 遺言の取消し（撤回）

※明示的な取消しではない場合
⇒ 先後の遺言が相反する場合には前の遺言が取り消されたと扱う

遺産分割後に見つかった遺言

① 当事者の範囲に変動が生じる場合
　（例）廃除される相続人が遺産分割協議に参加していた
　　⇒ 廃除の審判が確定すると、遺産分割が無効になる

② 相続財産の範囲に変動が生じる場合
　（例）特定遺贈されたはずの財産が遺産分割の対象に含まれていた
　　⇒ 重大な影響がある場合に遺産分割が無効になる

遺産分割後に遺言書が発見されたときはどうなるか

　遺産分割を終えた後に、故人（被相続人）が作成した遺言書が発見された場合は、遺産分割の効力が問題になります。遺産分割後に遺言書が発見された際に、とくに問題になるのは、遺産分割の当事者の範囲に影響が生じる場合と、遺産分割の対象である相続財産（遺産）の範囲に変動が生じる場合です。

　当事者の範囲に変動が生じる場合として、遺産分割協議に参加していた相続人が、遺言により廃除されていた場合が挙げられます。この場合、家庭裁判所で廃除の審判が確定すると、相続人でない人が参加したとして遺産分割の効力が否定され、再分割の必要が生じます。

　これに対し、相続財産の範囲に変動が生じる場合として、遺言により遺贈（特定遺贈）がなされており、相続財産に含めることができない特定の財産を、遺産分割により相続人に分配してしまった場合が挙げられます。この場合、遺産分割全体に影響があるときは、遺産分割全体の効力が否定され、再分割の必要が生じると考えられています。

8 公正証書遺言の作成方法

公正証書遺言とは

　公正証書遺言とは、遺言者が伝えた遺言の内容を、公証人が公正証書の形式によって書面化する方式の遺言をいいます。公正証書遺言の作成に関与する**公証人**は、公証役場に配置される公務員で、裁判官や検察官の経験者などから法務大臣が任命します。そして、公証人が作成する公正証書は、個人の権利義務などに関する信用力の高い公文書であるため、公正証書の形式で作成される公正証書遺言は、後から遺言の効力をめぐる紛争が生じにくいという特徴を持ちます。

　作成された公正証書遺言は、公証役場で保管されますので、第三者が遺言内容に改変を加えるおそれはほとんどありません。さらに、自筆証書遺言とは異なり、公証人が遺言書を作成するため、遺言書の全文を自書することが困難な人であっても、公正証書遺言であれば作成できるという大きなメリットがあります。

どのように作成するのか

　公正証書遺言を作成する手順は、まず2名以上の証人が立会いの下で、遺言者が遺言の内容を公証人に口頭で伝えます。これを口授といいます。次に、公証人は口頭で伝え聞いた内容について、筆記により書面を起こし、遺言者と証人に対し、筆記した内容の読み聞かせや閲覧を行います。そして、内容に不備がないことを確認した遺言者と証人が、書面に署名押印を行います。最後に、公証人が正しい方式に従って公正証書遺言を作成したことを添え書きした上で、公証人が署名押印することによって、公正証書遺言が成立します。作成された公正証書の原本は公証役場に保管されます。

● 公正証書遺言の作成手続き

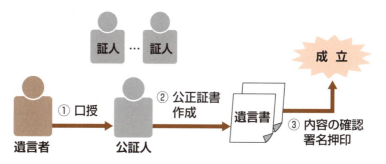

　その他に、原本とまったく同じ内容の書面として公証人が作成した謄本と、原本と同様の効力を持つ正本（遺言者や証人の署名押印が省略されています）が遺言者や遺言執行者に交付されます。つまり、公正証書遺言は合計3通作成されます。

公正証書遺言作成のための必要書類

　公正証書遺言の作成を公証人に依頼するにあたり、事前に遺言者が用意しておくべきいくつかの必要書類があります。

・遺言者や相続人に関する必要書類

　遺言者が自らの考えに基づき、公正証書遺言を作成することを確認するために、市区町村役場において遺言者の印鑑証明書（印鑑登録証明書）を発行してもらう必要があります。

　相続人に自分の相続財産を遺すという内容の遺言にする場合は、その相続人に関する戸籍謄本が必要です。これは相続人の続柄を確認するための資料ですので、相続人が自分の配偶者や子であれば、市区町村役場において遺言者の戸籍謄本を取得するだけで足ります。

　しかし、代襲相続によって遺言者のおい・めい（遺言者の兄弟姉妹の子）が相続人になることもあります。この場合、遺言者の戸籍謄本からおい・めいの続柄を確認できませんので、これを確認するために遺言者の戸籍謄本とは別途、おい・めいの戸籍謄本が必要です。

これに対し、相続人以外の人に自分の相続財産を遺すという内容の遺言にする場合は、その人の住民票の写しなど、氏名・住所・生年月日が明らかになる書類が必要です。なお、印鑑証明書、戸籍謄本、住民票の写しは、発行日から3か月以内のものでなければ使用できませんので、有効期限に注意しなければなりません。

・相続財産に関する必要書類

　とくに相続財産が不動産の場合は、不動産の所在や地番を特定する必要があるため、法務局において、不動産の登記事項証明書の取得が必要です。その他、不動産の価値を把握するため、市区町村役場などにおいて、固定資産評価証明書などの発行を受けることも必要です。

・証人や遺言執行者に関する必要書類

　公正証書遺言は2名以上の証人の立会いが必要です。未成年者、推定相続人（被相続人の死亡時に相続人になる人のこと）、受遺者、推定相続人や受遺者の配偶者もしくは直系血族などは、証人になる資格がありません。そこで、証人になる人の氏名・住所・生年月日・職業などがわかる資料を提出します。遺言執行者として相続人や受遺者以外の人を指定する場合は、遺言執行者になる人の氏名・住所・生年月日・職業に関する資料を提出します。

口授に関して

　公正証書遺言を作成する場合、本来であれば前述した手順に従うことが必要です。しかし、実際には口授に先立って、遺言者が公証人に対し、遺言の大体の内容を記したメモ書きなどを手渡し、それに基づいて公証人が事前に公正証書遺言を作成し、当日は遺言内容と一致しているのかを確認する意味で口授を受ける、という手順を踏んでいるケースが少なくありません。この点については、全体として公正証書遺言の作成手順が守られていると判断できれば、手順が入れ替わる形で作成された公正証書遺言も有効だと考えられています。

● 公正証書遺言を作成する際の手数料

相続財産の価額	手数料
100万円以下	5000円
100万円を超え200万円以下	7000円
200万円を超え500万円以下	11000円
500万円を超え1000万円以下	17000円
1000万円を超え3000万円以下	23000円
3000万円を超え5000万円以下	29000円
5000万円を超え1億円以下	43000円
1億円を超え3億円以下	43000円に5000万円ごと13000円加算
3億円を超え10億円以下	95000円に5000万円ごと11000円加算
10億円を超える場合	249000円に5000万円ごと8000円加算

　なお、口がきけない人については、公正証書遺言の最初の手順である「公証人への口授」が困難だといえます。しかし、手話などによる通訳や本人の自書によって、公証人に遺言の内容を伝えることができれば、口授の代替手段として認めることができます。

公正証書遺言を作成する際の手数料

　公正証書遺言は、公証人が遺言書を作成するため、公証役場において手数料の納付が必要です。手数料は相続財産の金額（評価額）に応じて異なりますが、相続財産が複数の場合は、それぞれの相続財産の金額に応じた手数料を合算します。注意しなければならないのは、相続財産の合計額が１億円以下の場合は、手数料の合計額に１万1000円の加算が必要になるという点です（遺言加算といいます）。

9 自筆証書遺言

自筆証書遺言とは

　自筆証書遺言とは、遺言者自身が遺言書を手書きで作成することによって成立する遺言をいいます。遺言者は、遺言の本文・日付・氏名を自書した上で、押印を行う必要があります。

　自筆証書遺言は、文字を書くことができれば、基本的に誰でも利用することができる簡易な方式です。公正証書遺言とは異なり、遺言書の作成に際して特別な費用を必要としないので、コストをかけずに遺言を作成したいと考える遺言者とって、自筆証書遺言は経済的負担が非常に少ない遺言方式であるということができます。

　ただし、自筆証書遺言にはデメリットもあります。まず、自筆証書遺言は簡易な方式であって、多くの人が選択する方式である反面、厳格な方式をよく理解せずに作成したため、遺言全体が無効になってしまうことが少なからずあります。

　また、公正証書遺言とは異なり、遺言の作成にあたって公証人や証人などの他人が立ち会うことなく作成可能ですので、自分の死後まで遺言内容を他人に知られたくないと考える遺言者にとって、自筆証書遺言は理想的な方式だといえます。しかし、内容を秘密にできる反面、相続人が遺言書の存在を知らないまま、相続人同士の遺産分割協議によって遺産が分配されてしまうおそれがあるなど、遺言者の意向が軽視される危険があります。

　さらに、かつては自筆遺言証書を適切に保管する法制度が存在していませんでしたので、たとえば、遺言者の死亡後に相続人になることが予定されている人（推定相続人）が自筆遺言証書を密かに発見し、内容を自己に都合がよいように書き換えたり（変造）、場合に

● 自筆証書遺言における「自書」の要件

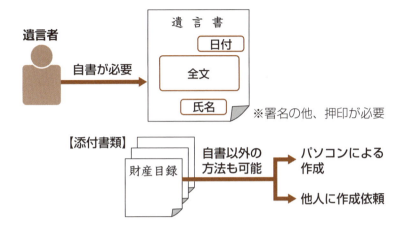

よっては自筆遺言証書自体を破棄してしまうことがありました。そこで、2018年の相続法改正により、2020年7月までに**自筆証書遺言の保管制度**を導入することになりました。しかし、これにより自筆証書遺言の保管が義務づけられるわけではありませんので、他人による変造や破棄などから遺言書を守るためには、やや手続きが煩わしいものの、公正証書遺言の方式を用いることが最適だといえるでしょう。

遺言者本人による遺言書の自書が必要である

　自筆証書遺言の要件として、公証人や証人の立会いは求められていません。自筆証書遺言の要件として民法が定めているのは、遺言の全文・日付・氏名を遺言者が「自書」する（手書きをする）ことと、作成した遺言書に押印することです。したがって、自筆証書遺言が有効か無効かを判断するときは、遺言者本人が遺言書を自書したか否かがポイントになります。

　自筆証書遺言において自書を要求しているのは、筆跡から遺言者自身が記載したことが判明すれば、その遺言書は遺言者自身の考えに基づいて作成されたことを確認できるからです。

したがって、遺言者が伝えた内容を第三者が聞き取った上で文書を作成したような場合（他人が代筆をした場合）や、遺言者自身がパソコンなどを利用して遺言書を作成したような場合（手書き以外の方法で作成した場合）は、遺言者本人が遺言書を自書していないため、自筆遺言証書としては無効になります。

　同様に、文書を作成せず、動画を録画するなどの方法で、遺言者自身が音声などのメッセージで遺言を行うことも、遺言者の筆跡との照合ができないため、自筆遺言証書としては認められません。その一方で、遺言者の筆跡との照合が可能であればよいため、複写の方法で作成された遺言書は、自書したものと認められます。

相続法改正で自書の要件が緩和された

　自筆証書遺言の場合は、遺言者の生前の意向を確認する手段として、全文を「自書」することが要件として定められています。しかし、全文を自書することは、とくに高齢の遺言者にとって容易でないことがあります。徐々に死期が迫ってきている状態で、全文を判読しやすい文字で書くのを要求することも、遺言者に対して大きな負担になっています。そのため、かつてから自筆証書遺言を利用することのハードルが高すぎることが批判されていました。

　そこで、2018年の相続法改正により、全文の自書の要件が少し緩和されました（この改正は2019年1月13日に施行されます）。具体的には、自筆証書遺言の全文について、遺産の詳細を明らかにする添付書類としての**財産目録**に関する事項に限って、自書以外で作成してもよいことになりました。

　この改正により、パソコンなどを用いて財産目録を作成することができます。また、財産目録は遺言者自身が作成しなくてもよいため、他人に代筆を依頼することができます。それ以外にも、遺産が不動産の場合は不動産登記事項証明書（登記簿謄本）のコピーを添付し、遺

● 遺言書の保管制度

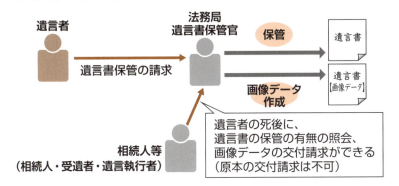

産が預金の場合は通帳のコピーを添付することができます。

　全文自書の要件の緩和は、自筆証書遺言を作成する上で、大きな労力を割かなければならなかった財産目録の作成について、自書以外の方式が認められ、これまでよりも比較的容易に自筆証書遺言の利用が可能になります。ただし、財産目録以外の全文や、日付・氏名については、依然として自書が必要であることに注意を要します。

　一方、自書以外を可能にしたことで、財産目録を他人が書き換える（改ざんする）などの危険性が高まります。そこで、自書以外の方法で作成した財産目録については、すべてのページに遺言者が署名押印することを要求しています。財産目録が両面に渡るときは、表面と裏面の双方に署名押印が必要です。

自筆証書遺言の保管制度の創設

　2018年の相続法改正に伴い、「法務局における遺言書の保管等に関する法律」が成立し、この法律に基づいて自筆証書遺言の保管制度が創設されました（2020年7月1日に施行）。遺言者は自筆証書遺言の保管を遺言書保管所（法務局）に依頼することができます。保管された遺言書は、画像データ化され、遺言者の死後に、相続人や遺言執行者などの請求があれば、その画像データのほうが交付されます。

10 遺留分

遺留分は相続人の生活を保護する制度である

　私たちは、生きている間はもちろん、死亡した後も、自分の財産の行方について自由に決定することができます（財産処分の自由）。民法が定める相続のルールは、遺言の制度を中心として、故人（被相続人）の意向を尊重することを重視しています。

　しかし、相続が発生すると、とくに被相続人と生計を同一にしていた配偶者や子などは、相続により承継される財産が、被相続人の死亡後の重要な生活の拠り所になることがあります。したがって、被相続人の自由な財産処分によって、被相続人の死亡後に、相続人の生活が脅かされることがあってはなりません。この点から、被相続人の財産処分の自由に対して、一定の制限を加える必要が生じます。

　そこで、最低限の相続財産の取得を相続人に保障して、その生活を保護しようとするのが遺留分の制度です。遺留分とは、相続人に最低限保障される相続財産の取得割合のことをいいます。

遺留分権利者と総体的遺留分・個別的遺留分

　遺留分が保障される相続人のことを遺留分権利者といい、遺留分権利者として認められるのは「兄弟姉妹以外の相続人」です。遺留分が認められない兄弟姉妹は、後述する遺留分侵害額請求権を行使することによって、相続財産を確保することができません。

　そして、遺留分権利者全体に保障される遺留分は、直系尊属のみが相続人である場合は、遺留分算定の基礎財産の3分の1、配偶者や子が相続人に含まれる場合は、遺留分算定の基礎財産の2分の1です。これを総体的遺留分といいます。

● 遺留分算定の基礎財産（生前に贈与した財産について）……

生前に贈与した財産

- **相続人以外に対する贈与**
  ⇒ 相続開始前の1年間に行われた贈与が、遺留分の算定の基礎財産に含まれる
  ※贈与の当事者が、贈与によって相続人の遺留分を侵害することを知っていた場合には、相続開始の1年前の日より前の贈与も含む

- **相続人に対する贈与**
  ⇒ 相続開始前の10年間に行われた特別受益（婚姻・養子縁組・生計資本）にあたる贈与が、遺留分の算定の基礎財産に含まれる（2018年相続法改正による）
  ※贈与の当事者が、相続人の遺留分を侵害することを知り、特別受益にあたる贈与を行った場合には、10年前の日より前の贈与が遺留分の算定の対象に含まれる

　遺留分権利者が1人のときは「総体的遺留分＝遺留分権利者の遺留分」になります。しかし、遺留分権利者が複数人いるときは、「総体的遺留分×遺留分権利者の法定相続分」によって求めたものが、それぞれの遺留分権利者の遺留分になります。これを**個別的遺留分**といいます。なお、代襲相続が発生する場合は、代襲相続人（被相続人の直系卑属）にも遺留分が保障されます。代襲相続人の遺留分の割合は、被代襲者が本来取得するはずであった個別的遺留分です。

遺留分算定の基礎財産とは

　上記の総体的遺留分や個別的遺留分を算定するときは「遺留分算定の基礎財産」を求めることが必要とされています。遺留分算定の基礎財産は、簡単に言うと「相続開始時点で存在する財産（遺贈の対象になる財産を含む）＋生前に贈与した財産－借金などの債務」という計算式によって算出します。

　遺留分権利者に保障される遺留分の侵害は、被相続人が自分の財産

の遺贈や贈与をすることで行われます。このうち、遺贈の対象になる財産については、相続が開始する時まで被相続人に帰属していたものですから、「相続開始時点で存在する財産」に含まれると考えます。

これに対し、「生前に贈与した財産」は、被相続人による贈与のすべてが遺留分の算定の基礎財産に含まれるわけではありません。以下のように、贈与の相手方に応じた期間制限が設けられています。

相続人以外の人に対する贈与は、過去1年間の贈与が「生前に贈与した財産」に含まれます。贈与の目的は問いません。ただし、当事者が遺留分の侵害を知って贈与をした場合は、過去1年間より前の贈与も「生前に贈与した財産」に含めます。

一方、相続人に対する贈与は、過去10年間の特別受益(婚姻・養子縁組・生計資本)にあたる贈与が「生前に贈与した財産」に含まれます。かつては特別受益にあたる贈与であれば、時期を問わず「生前に贈与した財産」に含めていましたが、2018年の相続法改正により期間制限が設けられました。ただし、当事者が遺留分の侵害を知って特別受益にあたる贈与をした場合は、過去10年間より前の贈与も「生前に贈与した財産」に含めます。

遺贈による遺留分の侵害のケース

たとえば、夫が2000万円分の財産を遺して死亡した場合、相続人として妻と子1人がいたとします。法定相続分に従うならば、妻は2分の1にあたる1000万円分を相続し、子も2分の1にあたる1000万円分を相続します。

しかし、夫が「愛人Xに私の全財産を遺贈する」という内容の方式に従った遺言書を遺していた場合、遺言書に従うべきとなれば、妻や子が夫の財産を一切取得することができず、夫の死後の生活に影響が出ることがあるかもしれません。

そこで、妻や子には遺留分が保障されています。それぞれの個別的

● 遺留分の侵害

（例）被相続人が死亡の半年前に贈与した場合

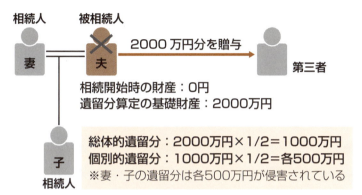

遺留分は、「2000万円（遺留分算定の基礎財産）×2分の1（総体的遺留分）×2分の1（法定相続分）＝500万円」です。妻や子は、夫から何も相続されていない状態ですから、500万円分の遺留分の侵害が認められます。

贈与による遺留分の侵害のケース

たとえば、夫が一切の財産も債務も遺さずに死亡し、相続人として妻と子1人がいたとします。そして、夫が死亡する半年前に、自分の財産2000万円分のすべてを第三者に贈与していたとします。

この場合、妻と子は相続によっては夫の財産を取得できませんが、相続開始から近い時期に行われた贈与について何らかの規制をしなければ、相続人が被相続人の死後に取得できるはずであった財産に影響を与えることになります。

もっとも、半年前の第三者に対する2000万円分の贈与は「生前に贈与した財産」に含めます。そのため、遺贈のケースと同様、妻と子の個別的遺留分は各500万円であって、妻や子は夫から何も相続されていませんから、500万円分の遺留分の侵害が認められます。

11 遺留分が侵害された場合と遺留分の放棄

遺留分侵害額請求とは何か

　遺留分が侵害されている遺留分権利者は、遺留分を侵害する者（被相続人から遺贈や贈与を受けた者）に対し、自らの遺留分を保護するため、遺留分の侵害に相当する金額の支払いを請求することができます。これを遺留分侵害額請求といいます。

　かつては「遺留分減殺請求権」と呼ばれており、遺留分権利者の遺留分を保護するのに必要な範囲で、遺留分を侵害する遺贈や贈与の効力を否定し、遺贈や贈与の対象となった財産自体の返還請求を認める制度でした。しかし、2018年の相続法改正（2019年7月1日に施行予定）により、財産自体の返還請求を否定し、金銭の支払いを求めることだけを認める制度に変更されている点に注意を要します。

　遺留分侵害額請求は、訴訟を提起しなくても、遺留分を侵害する者に対し、遺留分侵害額請求権を行使することを明示して請求することが可能ですが、最終的には訴訟を提起して争うことになります。

遺留分侵害額請求は遺贈から行使する

　民法では、遺留分侵害額請求について、被相続人による遺贈や贈与のうち、遺贈を受けた者から先に、遺留分侵害請求に応じなければならないと定めています。遺贈が複数ある場合は、遺贈の価額の割合に応じて、遺贈を受けた人が、遺留分侵害相当額の支払義務を負うことになります。

　そして、遺贈を受けた者のみを対象に遺留分侵害額請求権を行使しても、遺留分権利者の遺留分の保護に不十分であるときは、被相続人から贈与も受けた人も含めて、遺留分侵害額請求を行い、遺留分侵害

● 遺留分侵害額請求

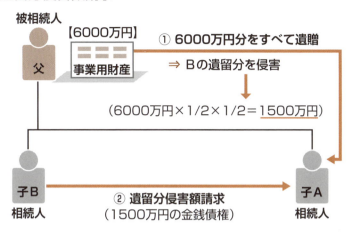

相当額の金銭の支払いを請求します。ただし、贈与を受けた人が複数ある場合は、相続開始時から近い時期に行われた新しい贈与（後の贈与）から順番に、遺留分の侵害が解消されるまで、古い贈与へとさかのぼる形で、遺留分侵害額請求をしていくことになります。

遺留分侵害額請求権の行使については、「遺贈→贈与」という順番があることと、贈与が複数あるときは「後の贈与」から順番に行うことがポイントです。

行使期間は原則1年である

遺留分侵害額請求権は、いつまでも行使できるわけではなく、遺留分権利者が、相続開始の事実に加えて、遺留分を侵害する贈与や遺贈があったという事実も知った時から1年間行使しなければ、時効により消滅します。

さらに、相続開始の時から10年を経過したときは、上記の事実を知らなくても、遺留分侵害額請求権は同じように消滅します。遺留分侵害額請求をする場合は、期間制限に注意しなければなりません。

遺留分の放棄には家庭裁判所の許可が必要

　遺留分権利者は、**遺留分の放棄**をすることができます。遺留分を放棄しても相続を放棄したことにはなりませんので、相続人の地位は失われません。ただし、遺留分を放棄する時期によって手続きが異なることに注意を要します。

　まず、相続開始前に遺留分を放棄するためには、家庭裁判所の許可を得なければなりません。相続開始前に、あらかじめ相続を放棄することはできませんが、遺留分を放棄することは可能です。しかし、事業を承継する相続人などから、遺留分権利者が遺留分の放棄をするようプレッシャーをかけられるおそれがあるので、家庭裁判所の許可を条件とすることで、家庭裁判所にチェック機能を与えています。

　これに対し、相続開始後に遺留分を放棄することは、遺留分権利者の自由ですから、家庭裁判所の許可なども不要です。

遺留分権の行使についての改正の意義

　2018年の相続法改正により、かつての遺留分減殺請求権が「遺留分侵害額請求権」へと名称が変更されましたが、両者の制度の間には、名称の変更以上に大きな違いがあります。

　かつての遺留分減殺請求権は、遺留分権利者が遺留分減殺請求権を行使すると、遺留分を保護するのに必要な範囲で、遺贈や贈与の効力が否定されていました。これによって、遺留分権利者には、遺贈や贈与が行われた財産自体の返還請求が認められ、返還請求が行われた財産については、遺留分権利者と遺贈や贈与を受けた相続人などとの間で共有状態になることが少なからずありました。

　このような取扱いに対しては、相続を原因とする事業承継の場面などで大きな負担になると批判されていました。

　そこで、遺留分侵害額請求の制度では、遺留分権利者には侵害された遺留分に相当する金銭債権（金銭の支払いを請求できる権利のこ

● **遺留分権行使についての2018年相続法改正**

自分の死後に事業をAに承継させるため

②死亡
父
被相続人

①Aに全財産である事業用財産6000万円を贈与した

②被相続人死亡時は無一文であった

③BがAに対し遺留分権を行使すると…
かつての遺留分減殺請求権では、事業用財産がA・Bの共有状態になり（現物返還）、Aの事業承継が進まない

子 相続人A　子 相続人B

Aの遺留分：1500万円
Bの遺留分：1500万円
⇒1500万円の遺留分侵害

【2018年相続法改正】
⇒BはAに対して1500万円の金銭債権を取得
∴現物返還が不要なので、Aは事業承継をスムーズに進められる！

と）だけが認められることにして、遺留分権利者による財産自体の返還請求を否定しました。

　たとえば、被相続人（父）には相続人として子A・Bがいるとします。被相続人が亡くなる前に、自分の事業の後継者として子Aを指名して、将来、被相続人の遺産になるはずであった、全財産である6000万円相当の事業用財産を子Aに贈与していたとします。

　2018年の相続法改正により、遺留分侵害額請求権に変更になったことで、子Bが遺留分侵害額請求をしても、事業用財産が子A・Bの共有状態とはならず、子Aは事業用財産の単独所有者として、そのまま事業を継続することができます。一方、遺留分侵害額請求をした子Bは、子Aに対して、自らの遺留分の侵害に相当する金額である1500万円の金銭債権を取得することになります。

　なお、遺留分侵害額請求権を受けた子Aのような人の負担を考慮し、全部あるいは一部の金銭の支払いについて、裁判所が相当の期限を与えることができます。

12 遺言書の検認

遺言書は勝手に開封してはいけない

　自宅などで「遺言書」と書かれている封筒を発見した場合、勝手に開封してはいけません。必ず家庭裁判所に封筒を提出し、相続人などの立会いの下で開封しなければなりません。この手続きを遺言書の検認といいます。遺言書の検認は、相続人などの立会いの下で、家庭裁判所が遺言書を開封し、遺言書の存在と内容を認定する手続きです。遺言書の検認によって、検認時の遺言書の存在と内容を確定してもらえるため、検認後の遺言書の改ざんを防止できます。

　遺言書の検認が必要になるのは、公正証書遺言以外の方式で作成された遺言書です。ただし、自筆証書遺言については、自筆証書遺言の保管制度によって保管されていれば、遺言書の検認が不要です。封筒に入っている遺言書だけではなく、封筒に入っていない遺言書も、改ざんを防止するために遺言書の検認が必要とされています。

　遺言書の検認では、遺言書が民法の定めている方式に従って作成されているかどうかが調査されます。しかし、遺言書の内容が遺言者の意向に基づいているかどうかまでは調査されません。

　遺言書の検認を受けずに遺言書を開封した場合、ただちに遺言が無効になるわけではありませんが、遺言書の改ざんなどが争われるリスクが非常に高まります。また、検認を受けずに開封した場合は5万円以下の過料に処せられます。

家庭裁判所における遺言書の検認の手続き

　遺言書の検認を受ける手続きは、遺言書を保管していた人や遺言書を発見した相続人が、被相続人（遺言書の作成者）の最後の住所地を

● **遺言書の検認** ....

```
遺言者                相続人
  ✗ ── ② 相続 ──→  [人]  ── ④ 検認期日に ──→  家庭裁判所
   \                          出頭              ↗
    \                                          /
     ① 保管の                                  /
       依頼                                   /
        \                                    /
         ↓                                  /
        保管者 ────── ③ 検認の申立て ───────
         [人]
              [遺言書]  勝手に開封しないで検認の
                        手続きをする
                       （勝手に開封すると５万円
                        以下の過料）
```

管轄する家庭裁判所に対し、検認の申立てを行います。

　検認の申立てに必要な書類は、①遺言書（封筒に入っていない遺言書はそのままの状態で提出します）、②申立書（裁判所のホームページからダウンロードできます）、③被相続人の出生から死亡までのすべての戸籍謄本、④相続人全員の戸籍謄本などです。

　これらの必要書類を準備した上で、遺言書１通につき800円の収入印紙と連絡用の郵便切手を添えて提出します。

　検認の申立てが受理されると、裁判所から相続人に対して検認期日が通知されます。検認期日には、申立人が遺言書などを持参して家庭裁判所へ出頭し、同じく出頭した相続人などの立会いの下、家庭裁判所が遺言書を開封し、その内容を確認します。なお、申立人以外の相続人などが検認期日に出頭するかどうかは自由とされています。

　検認の手続きが終了した後は、家庭裁判所に対し検認済証明書の交付申請を行います。相続登記や預金口座の名義変更などの相続手続きをする場合は、検認済証明書の提出が必要になりますので、必ず交付申請をするようにしましょう。

13 遺言執行者

遺言執行者とは

　遺言執行者とは、遺言者の遺言内容が公正に実現されるように、遺言の執行に関する事項を担当する人を指します。

　被相続人が遺言を遺した場合、相続人は、被相続人の一切の権利義務を承継する（包括承継）という立場から、遺言の内容を実現するために一定の義務を負うことがあります。たとえば、遺言によって第三者に対する遺贈が行われた場合、相続人は遺贈義務者として、遺贈を受けた人（受遺者といいます）に対し、遺贈の対象である財産を引き渡す義務を負うことになっています。

　その一方で、とくに相続人が複数人いる場合などは、相続人同士の利害関係が対立するため、公正な遺言内容の実現を望むことが難しい場合があります。そこで、遺言内容の公正な実現のために選任されるのが遺言執行者です。遺言執行者に就任する資格については、未成年者や破産者以外の人であれば、特段の制限はありません。ただ、遺言執行者はさまざまな手続きを実行することが必要ですから、弁護士などの専門家に就任してもらうケースが多いようです。

　遺言執行者は、遺言者が遺言で選任するか、遺言者が遺言において委託した第三者が選任するのが原則です。しかし、遺言執行者に選任された人が就任する義務はなく、遺言執行者への就任を辞退することも可能です。辞退により遺言執行者が不在になった場合は、相続人などの関係者からの請求に基づき、家庭裁判所が選任することができます。一方、遺言執行者が遺言内容の実現に向けた任務に反する行為などをした場合、相続人などの関係者は、家庭裁判所に対し、解任の請求をすることができます。

● 遺言執行者

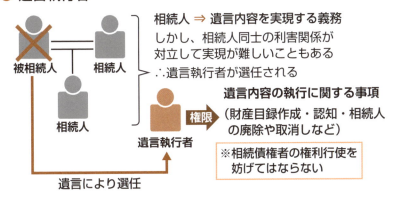

どんなことをするのか

　遺言執行者は、遺言内容の実現に必要とされる一切の行為をする権限を持っており、相続人全員の代理人とみなされます。遺言執行者が選任されている場合、相続人は、遺言内容を執行する権限を失いますから、遺言を執行しても無効になることに注意を要します。

　さらに、遺言によって婚外子（非嫡出子）の認知あるいは相続人の廃除とその取消しをする場合、婚外子の認知の場合は届出、相続人の廃除とその取消しの場合は家庭裁判所への申立てができるのは、民法の定めによって遺言執行者に限定されています。

　その他、遺言執行者は就任した時点で、自らが管理すべき相続財産の状況を把握するため、財産目録（相続財産の目録）を作成するとともに、相続人に作成した財産目録を交付する必要があります。

　このように、遺言内容の実現に向けて、遺言執行者には広い代理権が認められているため、遺言執行者の行為が、時として相続に関して権利を持つ人（被相続人に融資していた貸主など）に影響を与えることもあります。2018年の相続法改正（2019年7月1日に施行予定）により、遺言執行者であっても、相続に関して権利を持つ人の権利行使を妨害してはならないとする定めが設けられています。

Column

戸籍は相続関係の特定に必要

　不動産の相続登記の申請、金融機関の名義変更、相続税の申告など、相続に関する手続きをする場合は、被相続人の出生から死亡までの戸籍謄本など、相続関係を証明する書類の提出を求められます。提出される戸籍謄本などの書類を確認することで、相続人の特定や正確な相続関係を確認する必要があるためです。

　被相続人が死亡した事実が記載されているのは、戸籍謄本（戸籍全部事項証明書）もしくは除籍謄本（除籍全部事項証明書）です。戸籍謄本や除籍謄本は、誰が相続人であるかを確認し、相続関係を証明するための書類となりますが、この書類だけでは被相続人と相続人との相続関係を正確に証明することができません。

　転籍（本籍地を移すこと）、戸籍法の改正、婚姻などがあった場合、その都度、新しい戸籍にその情報が記載されますが、古い戸籍には記載されません。したがって、正確な相続関係を完全に証明するためには、被相続人の出生から死亡までのすべての戸籍を順番にさかのぼって確認する必要があります。そのため、戸籍謄本や除籍謄本に加えて、通常は改製原戸籍謄本を取得することも必要です。改製原戸籍謄本とは、戸籍の作り直し（改製）によって使用されなくなった、改製される前の古い戸籍をいいます。

　必要な戸籍謄本などを取得した後は、相続人を特定します。被相続人の兄弟姉妹が相続人となる場合は、他にも兄弟姉妹がいないことを証明するために、両親の戸籍謄本などもさかのぼって取得する必要があります。

　なお、方式を備えた適法な遺言書があるときは、遺言書の検認などをする場合を除き、被相続人の死亡事項が記載された戸籍（除籍）謄本と、相続人または受遺者であることを証明する書類だけで足りる場合もあります。

第4章
遺産分割の手続き

1 遺産分割の方法

遺産分割とは

　遺産分割とは、故人（被相続人）の相続財産を相続人に配分する手続きを指します。遺産分割においては、相続財産の全部を分割するだけではなく、相続財産の一部だけを分割することも可能です。

　相続人が複数人いる場合、故人が持っていた個々の相続財産は、誰に配分されるのかが未定の状態です。そのため、すべての相続人が、それぞれの相続分の割合で、個々の相続財産を共有（共同して持っていること）していると考えます。しかし、この取扱いは暫定的なものにすぎず、個々の相続財産の配分先を決定する必要があります。

　遺産分割の特徴として、相続人の意思（意向）が重要であるという点が挙げられます。民法では、故人の遺言による相続分の指定（指定相続分）や遺産分割方法の指定がない場合に備えて、法定相続分を定めています。しかし、遺産分割協議は相続人全員の合意によって成立させるものであるため、法定相続分と異なる相続財産の配分を行うことが許されます。さらに、故人の遺言に相続分の指定があっても、相続人全員が合意することを条件として、指定相続分と異なる配分を行うことが許されるほど、相続人の意思が重要な要素になります。

遺産分割の対象である相続財産の確定

　遺産分割に先立ち、遺産分割の対象になる故人の相続財産を確定する作業が必要です。不動産は名寄せ台帳（固定資産課税台帳）の閲覧謄写により、預金や証券は思い当たる銀行や証券会社に行き、相続人として開示請求をすることにより、調査をすることができます。

　相続財産かどうかが確定していない財産は、遺産分割をすることが

● 遺産分割の方法

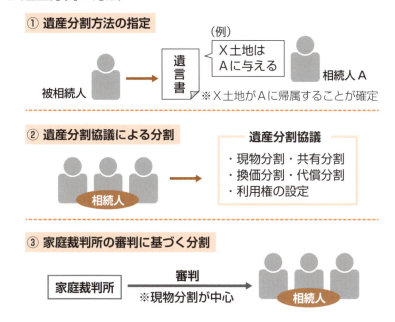

できないため、帰属の不明確な財産は調査が必要です。そして、ある財産が相続財産であるかどうかが争われると、遺産確認の訴えなどの訴訟手続きによって確定せざるを得なくなります。

遺産分割の種類

　遺産分割については、①被相続人による遺産分割方法の指定（指定分割）、②遺産分割協議による分割（協議分割）、③家庭裁判所の審判に基づく分割（審判分割）という３種類に分類することができます。

① **被相続人による遺産分割方法の指定**

　被相続人は、遺言によって個々の相続財産の分割方法を指定することができます。これを**遺産分割方法の指定**といいます。遺産分割方法の指定があった場合、指定の対象になった相続財産が、遺産分割協議を経ずに、指定された相続人に帰属することが確定します。

たとえば、父が3000万円分の相続財産を遺して死亡し、相続人として子A・Bだけがいるとします。このとき、父の遺言書に「相続財産のうち1000万円のX土地を子Aに与える」とあった場合、遺言が有効である限り、X土地が子Aに帰属することが確定し、残った2000万円分の相続財産をAB間で遺産分割協議をして配分します。

② 遺産分割協議による分割

遺言によって遺産分割方法の指定がなされていない場合は、相続人全員の話し合いによって遺産分割を行います。この話し合いのことを**遺産分割協議**といいます。遺産分割協議による分割については、おもに次ページ図のような方法があります。

遺産分割協議については、一般に、それぞれの相続人の法定相続分に基づいて行います。特別受益や寄与分があるときは、これを考慮した具体的相続分に基づきます。ただし、被相続人が遺言によって相続分の指定をしていた場合は、相続人全員の合意がある場合を除き、指定相続分に基づいて遺産分割協議をすることが求められます。

③ 家庭裁判所の審判に基づく分割

遺産分割協議において合意に達しない場合や、相続人が集まらず遺産分割協議ができない場合などは、家庭裁判所の審判に基づいて相続財産の配分を行います。もっとも、審判の前に相続人の意思を尊重して合意による解決をめざす調停手続きが先に行われ、調停が不調に終わった場合に審判手続きに移行するのが一般的です。審判に基づく分割は、次ページ図のうち「現物分割」を基本として、それぞれの相続人の実情にあった分割方法による配分が行われます。

遺産分割が禁止される場合もある

相続人は、いつでも遺産分割を求めることができますが、一定の期間を定めて、遺産分割を禁止することもできます。ただし、被相続人の遺言や遺産分割協議による遺産分割の禁止は、原則として5年を超

● **遺産分割協議による分割方法**

現物分割
相続財産である土地を相続人Aに帰属させ、建物を相続人Bに帰属させるなど、個別の相続財産をそのままの形で配分する方法。
共有分割
相続財産である土地を複数の相続人が共同して所有するというように、1つの物の所有権を分け合う形式で配分する方法。
換価分割
相続財産を売却して得た金銭を、それぞれの相続人の相続分に応じて配分する方法。
代償分割
相続分（原則的には法定相続分）を超える相続財産を取得した相続人が、その代わりとして差額の金銭（代償金）を他の相続人に渡すという配分方法。
利用権（用益権）の設定
相続財産である土地を相続人Aの所有に帰属するものとして配分した上で、他の相続人Bにその土地の借地権を設定するような配分方法。

える期間を定めることができません。一方、家庭裁判所の審判手続きによる場合は、5年を超える期間を定めることが可能です。

遺産分割前に処分された財産の取扱い

　一部の相続人が、遺産分割前に相続財産を第三者に売却することがあります。この状況を放置すると、遺産分割の場面で、他の相続人が不利益を被るおそれがあります。2018年の相続法改正により、遺産分割前に相続財産を処分（売却など）した相続人以外の相続人全員が同意した場合、遺産分割前に処分（売却など）された財産が遺産分割時に存在するとみなすことが可能になりました。この場合、遺産分割の時点で処分されていた財産の価額も含めて遺産分割を行い、処分した相続人は処分した財産に相当する金銭（代償金）を支払います。

2 遺産分割協議

遺産分割はいつまでに行うべきか

　民法では、相続人全員が参加する遺産分割協議に関して、いつまでに成立させなければならないという期限を設けていません。相続財産を放置し続けることは、さまざまな観点から好ましくありませんが、故人（被相続人）の死後から長期間が経過した後に、ようやく遺産分割協議がまとまったとしても、民法上の問題は生じません。

　しかし、相続税に関して、相続税法は原則として10か月以内という申告期限を設けています。遺贈や相続によって相続財産を取得した受遺者や相続人は、相続税の課税対象者に含まれます。しかし、相続人が被相続人の配偶者である場合は、「配偶者の税額の軽減」によって相続税をタダにする（あるいは低額にする）ことができます。また、被相続人が事業用や居住用で利用していた土地を遺贈や相続によって取得した場合は、「小規模宅地等の特例」により、一定の要件の下で税額の控除が認められます。これらの特典を受けるには、相続人や受遺者が申告期限内に、控除を希望することを記載した申告書と、添付書類として遺産分割協議書の写しなどを提出する必要があります。

　したがって、遺産分割協議自体に期限はありませんが、相続税の申告期限との関係では、上記の特典を受けるため、10か月以内に遺産分割協議を成立させる必要があるということができます。

相続人の中に未成年者がいる場合

　遺産分割協議に関して、相続人の中に未成年者がいる場合は注意が必要です。未成年者は、原則として1人で契約などをする権限が認められておらず、法定代理人が未成年者を代理することが必要になるか

● 遺産分割協議

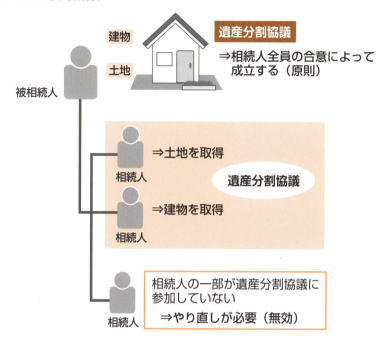

らです。法定代理人には**親権者**（親権者がいない場合などは未成年後見人）が就任しています。未成年者の父母が親権者であることが通常ですが、未成年者が養子に出ているときは養父母が親権者です。

しかし、夫が死亡して、妻と未成年である子が相続人になるような場合、親権者である妻（未成年者の母）と子は、遺産分割をめぐり利益が相反する地位に置かれます。「母が遺産をたくさん相続すれば、その分だけ子が相続する遺産が少なくなる」からです。

両者の利益が相反する場合、親権者は未成年者の法定代理人として遺産分割協議に参加することができません。これを**利益相反行為**といいます。利益相反行為が生じる場合、親権者は、家庭裁判所に特別代理人の選任を申し立てなければならず、選任された特別代理人が未成年者を代理して遺産分割協議を行います。

遺産分割協議が成立するとどうなる

　遺産分割協議において、相続財産の配分について相続人全員（包括受遺者がいる場合は包括受遺者を含みます）が合意に達すると、遺産分割協議が成立します。その後、民法では要求していませんが、遺産分割が成立した証拠として、必ず**遺産分割協議書**を作成します。

　遺産分割協議によって各相続人に配分されることが決定した相続財産については、遺産分割協議の成立時に相続財産を取得したと扱われるのではなく、相続開始時にさかのぼって、相続開始時から各相続人に配分される相続財産が帰属していたものと扱われます。

　遺産分割協議にあたっては、相続人全員の合意に基づき、法定相続分などと異なる配分をすることが可能です。また、特定の相続人が相続財産の配分を受けないとする場合、本来は相続放棄の手続きをとることが必要です。しかし、遺産分割協議によって相続財産を特定の相続人のみが取得すると定めることで、相続財産の配分を受けない相続人について、相続放棄と似た状態を作り出すことができます（これを事実上の放棄と呼ぶことがあります）。

　その他、相続財産の配分を受けない相続人が、自分に相続分が存在しないことを証明する書類を作成することがあります。これを**相続分不存在証明書**（特別受益証明書）といいます。相続分不存在証明書には署名と実印による押印が必要で、これを作成した相続人は遺産分割協議に参加する必要がなくなります。

　しかし、相続財産の配分を受けない相続人も、自分の法定相続分の範囲において、借金などの債務は承継するため、相続放棄をした場合を除き、故人の債権者からの支払請求に応じなければなりません。

遺産分割協議が成立しない場合には

　遺産分割協議では、相続財産の配分をめぐって、相続人同士の意見が調整できない場合もあります。その場合は、遺産分割協議による相

続財産の配分を諦めて、被相続人の最後の住所地を管轄する家庭裁判所に遺産分割に関する審判を申し立てることになります。審判を申し立てても、ただちに審判手続きが開始されることは少なく、審判手続きに先立ち、調停手続きから開始されることが多いようです。

遺産分割のやり直しはできるか

いったん有効に成立した遺産分割協議について、相続人全員の合意が得られた場合は、後からやり直すことが認められると考えられています。遺産分割協議全体をやり直すことも可能ですし、一部の相続財産に関する遺産分割協議のみをやり直すこともできます。

さらに、成立したはずの遺産分割協議が、後から無効になったり取り消される場合がある点に注意が必要です。

まず、遺産分割協議が無効になる場合として、相続人全員が遺産分割協議に参加していない場合が挙げられます。遺産分割協議は相続人全員が参加しなければならず、一部の相続人が参加していない遺産分割協議は無効ですから、やり直さなければなりません。

ただし、被相続人の配偶者と子による遺産分割協議の成立後、子の認知が生じて、相続人が追加されることになった場合は、遺産分割協議をやり直す必要はありません。このとき、認知された子は、他の相続人に相続分相当の金銭の支払いを請求できるにとどまります。

遺産分割協議の成立後、新たな相続財産が見つかった場合も、遺産分割協議をすべてやり直す必要はなく、その財産についてのみ、新たに遺産分割を行うことができます。

なお、遺産分割協議は、相続人全員の意思を合致させて、相続財産を配分するという性質の行為であるため、契約などと同様に、錯誤や詐欺に基づく取消しによって、遺産分割協議の効力が否定される場合があることにも注意が必要です。

3 遺産分割協議書と遺産の目録

どんな場合に必要になるのか

　遺産分割協議において、相続人全員が相続財産の配分に関して合意に至った場合は、遺産分割協議書を作成します。遺産分割協議書を作成することで、成立した遺産分割の内容を明らかにするという目的があります。後になって、一部の相続人が「そのような内容の合意をした覚えはない」と主張することがあるかもしれません。しかし、遺産分割協議書を作成しておけば、合意された内容の詳細が記載されているため、遺産分割に関する紛争を防止することができます。

　遺産分割協議書は、さまざまな手続きの中で提出が求められます。たとえば、相続財産に不動産（土地や建物）が含まれている場合、遺産分割協議によって不動産を取得した相続人は、登記名義人を被相続人から自分へと変更します。これを**相続登記**といいます。相続登記の手続きにおいて、申請者である相続人が正当な権利者であることを確認するため、遺産分割協議書の提出が必要です。その他、被相続人の預金口座などの名義人を相続人に変更する際にも、通常は遺産分割協議書の提出が求められます。

　さらに、遺産分割協議が成立するに際しては、すべての相続人に相続財産の内容が明らかにされている必要がありますので、遺産分割協議の過程において、遺産の目録（財産目録）を作成します。具体的に相続財産がどの程度あるのか、はっきりしない状態で遺産分割協議を成立させても、後から新たな相続財産が見つかった場合は、別途遺産分割協議が必要になり、手続きが煩わしくなるからです。

　相続開始後においては、一部の相続人が自分の都合の良いように利用する目的などで、一部の相続財産を隠していることもあります。相

● 遺産分割協議書と遺産の目録

遺産分割協議書 ⇒遺産分割協議が成立した場合に作成する

①被相続人の明示
②遺産分割協議の合意内容
　（相続財産の配分方法）
③相続人全員の署名・押印（実印）

遺産の目録 （財産目録）⇒遺産分割協議書に添付する

相続財産の種類ごとに評価額が記載される

続財産の調査を念入りに行った上で、遺産の目録を作成することが必要です。もっとも、遺産分割協議をする場合に、遺産の目録の作成が義務づけられているわけではありません。しかし、相続人間で合意に至らず、遺産分割協議が成立しなかったときに、家庭裁判所に審判や調停を申し立てて遺産分割をする場合は、遺産の目録の提出が求められるため、遺産の目録も作成しておくべきでしょう。

どんなことを記載しなければならないのか

　民法においては、遺産分割協議書の書式を定めていませんが、被相続人（故人）や相続人が誰であるのかを示し、相続財産ごとに、遺産分割協議によって決定した配分方法を記載します。その上で、相続人全員が署名・押印します。押印は必ず実印を使い、印鑑証明書を添付します。遺産分割協議書には遺産の目録も添付します。遺産の目録には、相続財産を種類（不動産、現金、預金など）ごとに区別し、それぞれの相続財産の評価額を記載します。なお、遺産分割協議書や遺産の目録は、パソコンなどで本文を作成することも可能です。

書式 遺産分割協議書記載例

遺産分割協議書

被相続人　〇〇〇男
本　籍　　大阪府〇〇市〇〇区〇丁目〇番
最後の住所地　大阪府△△市××区〇丁目〇番〇号
生年月日　　昭和〇〇年〇月〇日　死亡年月日　平成〇〇年〇月〇日
〇〇〇男の死亡により開始した相続について、共同相続人である〇〇〇〇、△△△△の全員で遺産分割の協議を行い、下記の通り分割し、取得することを決定した。

1．相続人　〇〇〇〇は次の財産を相続する。
　1）土地
　　　所在：大阪府〇〇市〇〇区〇丁目
　　　地番：〇〇番〇〇
　　　地目：宅地
　　　地積：111平方メートル
　2）建物
　　　所在：大阪府〇〇市〇〇区〇丁目
　　　家屋番号：〇番〇
　　　種類：居宅
　　　構造：木造瓦葺2階建
　　　床面積：1階99.9平方メートル
　　　　　　　2階99.9平方メートル

2．相続人　△△△△は次の財産を相続する。
　1）預貯金　〇〇銀行〇〇支店 定期預金（口座番号00000000）1000万円
　2）預貯金　〇〇銀行〇〇支店 普通預金（口座番号00000000）500万円

3．本協議書に記載がない遺産及び後日判明した遺産については、相続人全員でその分割について再度協議するものとする。

平成30年10月15日

　　　　　　　　　　住所　大阪府〇〇市〇〇区〇丁目〇番〇号
　　　　　　　　　　　　　　相続人　〇〇〇〇　㊞
　　　　　　　　　　住所　大阪府〇〇市□□区〇丁目〇番〇号
　　　　　　　　　　　　　　相続人　△△△△　㊞

【ポイント①】
書式は基本的に自由で、パソコンなどで作成してもよい。

【ポイント②】
土地や建物の所在などは、不動産登記簿（登記事項証明書）に記載されているとおりに記入する。

【ポイント③】
後日、新たな遺産が発見された場合に備えた文言を入れておく。再度協議せず特定の相続人に取得させる方法もある。

【ポイント④】
相続人全員が署名し、実印を押印する必要がある。

書式 遺産目録記載例

相続人　△△△△ 印

財産目録

1．不動産
【ポイント①】不動産の所在などは正確に、不動産登記簿（登記事項証明書）のとおりに記入する。

①土地

No.	所在	地番	地目	地積（㎡）	評価額	備考
1	○○県○○市○○町○丁目	○番	宅地	123.456	2000万円	

②建物

No.	所在	家屋番号	種類	構造	床面積（㎡）	評価額	備考
1	○○県○○市○○町○丁目	○番	居宅	木造瓦葺2階建	1階：99.9 2階：99.9	900万円	

2．預貯金・現金
【ポイント②】種別・支店名・口座番号を必ず明記する。

No.	金融機関名・種別	支店名	口座番号	金額	備考
1	○○銀行定期預金	○○支店	000-0000	200万円	
2	○○銀行普通預金	○○支店	000-0000	50万円	

3．その他の資産

No.	品目	証券番号等	単位	数量・金額	備考
1	○○株式会社株式	○○証券会社保護預かり	50円	2000株	10万円
2	○○保険会社生命保険	111-111111		500万円	（受取人）○○○○

【ポイント③】証券会社に預けている場合には、証券会社の名称などを明記する。

4．負債

No.	区分	借入先	返済額	備考
1	借入金	○○株式会社	300万円	毎月返済額：3万円

平成30年10月10日

作成者　○○○○ 印

4 相続開始と銀行預金

金銭債権も遺産分割の対象になる

　相続財産の中には、故人（被相続人）が生前から銀行などに預けていた預貯金口座の金銭も含まれます。預貯金口座について、都市銀行などは預金口座と呼び、ゆうちょ銀行などは貯金口座と呼びます。

　そして、預貯金口座からの金銭の引き出しは、法律的には「預貯金払戻請求権」（預貯金債権）の行使と扱われるため、預貯金債権は金銭債権（金銭の支払いを受ける権利のこと）にあたります。金銭債権には、不動産などとは異なる性質があります。

　土地などの不動産や現金（お札や硬貨）などは物理的に分割できませんから、相続が発生した時点で、相続人全員が共同して所有するという暫定的な状態を認めた上で、最終的にどの相続人に不動産を帰属させるのかを、遺産分割協議などを経て決定します。

　これに対し、金銭債権は物理的に分割が可能です。たとえば、100万円の貸金債権（借金の返済を求める権利のこと）は、50万円の貸金債権2つに分割することができます。この点から、金銭債権は遺産分割の対象に含まれず、相続発生と同時に、各相続人の相続分に応じて当然に分割されるものと扱うのが原則です。過去の最高裁判例は、預貯金債権も金銭債権なので、遺産分割の対象から除外され、各相続人の相続分に応じて当然に分割されるとしていました。

　しかし、私たちの日常生活において、預貯金債権は現金とほぼ同じように扱われています。また、預貯金債権を遺産分割の対象に含めることで、相続財産の分割に際して1円単位での細かい調整が可能になります。そのため、現在の最高裁判例は、現金と同じく、預貯金債権を遺産分割の対象に含めるというように立場を変更しています。

● 通常の金銭債権と預貯金債権の違い

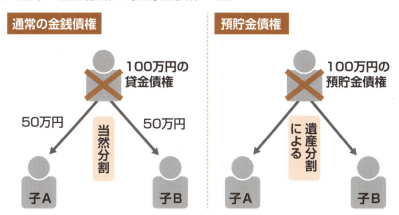

遺産分割が終わるまでは預貯金口座が凍結される

　現在は、預貯金債権が遺産分割の対象に含まれますので、遺産分割が終了するまでの間、特定の相続人が故人（被相続人）の預貯金債権を勝手に引き出すことは、原則として認められません。預貯金債権の引き出しに現れた相続人が、遺産分割協議などを経て、最終的にその預貯金債権を取得するという保証がないからです。

　そのため、銀行などは、遺産分割が終了し、最終的に預貯金債権の帰属先が決定するまで、預貯金債権の引き出しに応じない（預貯金口座を凍結する）という対応をとることが認められています。

　もっとも、最高裁判例の変更によって預貯金債権を遺産分割の対象に含めるという扱いになる前から、銀行などは、被相続人の預貯金口座について、被相続人の名義のままでは引き出しに応じず、これを引き継ぐ人が確定する（複数人で引き継ぐときはその割合も確定する）まで口座を凍結するとの運用をしていました。とくに相続発生時に預貯金債権における債権者（相続人や受遺者）が複数人になると、権利関係が複雑化するおそれがあるためです。このような運用にお墨付きを与えたのが、変更後の最高裁判例だといえます。

口座凍結を解除するには

相続人が、被相続人の銀行などの預貯金口座凍結を解除するには、遺産分割を終了させることが必要です。遺産分割が終了した後は、特定の相続人が預貯金債権を確定的に取得することから、銀行などが複雑な権利関係の判断に巻き込まれるおそれがなくなるためです。

ただし、すべての相続財産についての遺産分割が終了する前に、相続人が預貯金債権を引き出す方法もあります。具体的には、一部分割の方法によって、銀行などに対する預貯金債権の遺産分割を先に終了させておくことで、すべての相続財産に関する遺産分割の終了前に、預貯金口座の凍結を解除することができます。

預貯金の仮払いを認める制度ができた

遺産分割が終了するまで、被相続人の預貯金口座が凍結されてしまうことで、相続人に負担が生じる場合があります。

たとえば、相続人が被相続人の預貯金債権を使って、被相続人の葬儀などの費用に充てたいと考えている場合です。この場合、ある程度時間が必要になる遺産分割が終了しなければ、常に預貯金債権の払戻しを受けられないとすると、葬儀などをする上で障害になります。

相続財産には、被相続人の死亡後の相続人の生活保障という役割があります。そのため、相続人が生活費などに切迫した事情があるときにも、預貯金債権をまったく使用できないとなると、この役割に反する結果につながりかねません。

そこで、2018年の相続法改正に伴う改正家事事件手続法により、相続人が相続債務(被相続人の生前に第三者に負っていた債務のこと)の返済や、相続人の生活費などに充てるため、遺産分割の対象である預貯金債権を使用する急迫の必要が生じた場合は、家庭裁判所に保全処分を求めることで、相続人は預貯金債権の仮払いを受けることができます。これを **預貯金の仮分割の仮処分** といいます。なお、仮処

● 預貯金の仮払い制度

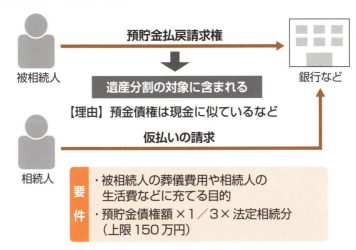

分の申立てができるのは、家庭裁判所に遺産分割の審判や調停を申し立てている場合に限られます。

　さらに、2018年の相続法改正により、家庭裁判所に遺産分割の審判や調停を申し立てていなくても、預貯金債権の仮払いが認められる場合があります。

　つまり、被相続人の葬儀や相続人の生活費などに充てる必要がある場合、相続開始時の預貯金債権額の3分の1に、その相続人の法定相続分を掛けた金額のうち、150万円を上限として、銀行などへ直接、預貯金債権の仮払いを求めることができます。

銀行預金などの名義変更の方法は

　預貯金債権に関する遺産分割協議が成立した場合、相続人は、被相続人名義になっている預貯金口座について、預貯金債権を取得した相続人の名義に変更することが必要です。この相続人は、銀行などが指定する名義変更依頼書に被相続人や相続人の戸籍謄本、遺産分割協議書などの必要書類を添付して、名義変更を請求します。

5 配偶者の居住の権利

配偶者の居住の権利とは

　2018年の相続法改正により、被相続人（故人）の配偶者の居住権を保護する制度が導入されました。具体的には、配偶者の居住権を長期的に保護する配偶者居住権と、短期的に生活の基盤である住居を奪われることがないようにする配偶者短期居住権の２つがあります。これらの制度は2020年４月１日に施行される予定です。

相続により配偶者の居住権が危うくなる現状

　たとえば、妻Ａが夫Ｂの生前に、ＢとともにＢが所有する住宅に住んでいた場合を考えてみましょう。Ｂが死亡した場合、相続人がＡだけのときは、Ａが住宅の所有権を単独で相続するので、Ｂの死亡後も問題なく住宅に住み続けることができます。

　しかし、夫Ｂが死亡した時に、妻Ａだけではなく子Ｃも相続人になる場合は、事情が異なってきます。住宅を含めた相続財産は、遺産分割が終了するまでの間、相続人であるＡＣが共同して所有する状態が暫定的に作られます。つまり、相続人が複数いる場合は、生存配偶者以外の人も住宅を所有している状態になります。

　このため、被相続人が死亡した時点から、相続人の１人である生存配偶者が、相続財産である被相続人が所有していた住宅に、引き続き居住することが可能であるのか否かが問題になります。

　この点については、かつてから被相続人が死亡した後、生存配偶者は、少なくとも遺産分割終了までは、引き続き被相続人が所有する住宅に住み続けることができると考えられていました。これを法律的に言えば、被相続人の生存中から、被相続人とともに被相続人所有の住

● **配偶者の居住の権利**

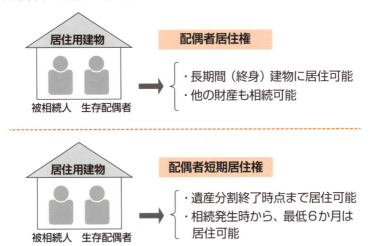

宅に居住していた生存配偶者は、相続発生時点から遺産分割終了までの間、被相続人との間に住宅に関する使用貸借契約（相手方に無償で住宅などの目的物の使用を認める契約のこと）が成立していたものと推定し、相続開始直後の生存配偶者の居住権を保護していました。

　しかし、この「使用貸借契約成立の推定」では、生存配偶者の保護は不十分だといえます。被相続人が、生前から「自分の死後は生存配偶者を住宅に住み続けさせたくない」という意向を示していた場合には、使用貸借契約の成立を推定することができないためです。この推定が認められないときは、生存配偶者が生活の基盤である住宅を失う危険性にさらされることになります。

　さらに、使用貸借成立の推定が認められても、生存配偶者の居住権の保護は十分ではありません。使用貸借契約成立の推定は、遺産分割が終了するまでの生存配偶者の居住権を保護する方策であって、遺産分割協議の結果、生存配偶者とは異なる相続人が住宅を取得することを否定するものではないからです。住宅を取得した相続人が、生存配偶者が住宅に住み続けることを許さない場合、生存配偶者は住み慣れ

た住宅から立ち退かざるを得なくなります。

生存配偶者が住宅を相続した場合も問題がある

複数の相続人間による遺産分割の結果、被相続人が所有していた住宅を生存配偶者が取得することになった場合、生存配偶者は、引き続き住宅に住み続けることができます。しかし、住宅以外の財産を相続することが困難になるという問題が生じます。

被相続人が所有していた住宅は不動産ですから、一般的に価値が高いものです。このような価値が高い不動産を取得すると、それだけで生存配偶者が持っている法定相続分に達してしまい、現金や預貯金債権など、他の相続財産を取得することが難しくなるからです。

相続の制度は、被相続人の死亡後の相続人の生活保障という機能も持っていることから、住み慣れた住宅は確保できたものの、それ以外の生活の糧を手に入れることができなければ、とくに生存配偶者が高齢であればあるほど、酷な結果をもたらすことになりかねません。

配偶者居住権は長期的な居住権保護が目的

2018年の相続法改正により新設された配偶者居住権は、生存配偶者に対して、被相続人が所有していた建物（住宅）に、原則として終身の間、無償で住み続ける権利を保障する制度です。

配偶者居住権が成立するためには、相続が開始した時点で、被相続人が所有していた建物に生存配偶者が住んでいたことが必要です。被相続人と同居していなくてもかまいません。その上で、次の①～③のどれかの事実があるときに、配偶者居住権が成立します。

① 生存配偶者に配偶者居住権を取得させる遺産分割協議が成立した
② 生存配偶者に配偶者居住権を取得させる被相続人との死因贈与契約（死亡時に効力が生じる贈与契約のこと）があった
③ 生存配偶者に配偶者居住権を取得させるとの遺贈があった

配偶者居住権の成立が認められた生存配偶者は、配偶者居住権を登記することによって、第三者に自分が配偶者居住権を持っていることを主張できます。一方、配偶者居住権を他人に譲渡することはできない他、建物の使用収益についても一定の制約を受けます。

　配偶者居住権が認められることで、生存配偶者は、引き続き住宅に住むことができるとともに、他の財産を相続することができる可能性が広がります。つまり、配偶者居住権が認められた生存配偶者は、建物の居住権の他に、生活に必要な現金や預貯金債権といった、他の財産を取得することも可能になるのです。

配偶者短期居住権は短期的な居住権保護が目的

　配偶者短期居住権とは、相続開始時点から比較的短期間の間、被相続人が所有していた建物（住宅）に、生存配偶者が住み続けることを認める権利です。配偶者短期居住権を取得するための要件は、相続が開始した時点で、被相続人が所有していた建物に、生存配偶者が無償で住んでいた状態が認められることです。被相続人と同居していなくてもかまいませんが、お金を払わずに住んでいたことが必要です。

　配偶者短期居住権の成立が認められると、生存配偶者は、①遺産分割によって生存配偶者以外の人が建物を取得すると決まった日、②相続開始時点から6か月を経過する日、のどちらか遅い日までの間、建物に無償で住み続けることができます。生存配偶者は、最終的に建物から立ち退かなければならない場合でも、配偶者短期居住権の主張によって、被相続人の死亡後、ただちに立ち退く必要がなくなります。

　配偶者短期居住権は、上記の要件を満たせば、被相続人の意向に関係なく成立します。被相続人が「自分の死亡後に、生存配偶者が自分の建物に住み続けることを拒否する」と示していても、配偶者短期居住権は認められるのです。なお、配偶者短期居住権の場合も、譲渡が認められない他、建物の使用について一定の制約を受けます。

6 遺産分割調停・審判

どんな場合に利用するのか

　相続人が複数いる場合、通常は遺産分割協議によって遺産分割を行います。しかし、特定の相続人が遺産分割協議に応じなければ、遺産分割協議は相続人全員の参加が必要であるため、遺産分割協議ができません。

　また、遺産分割協議によって相続人全員の合意に至ることができない場合は、いつまでも遺産分割協議を終了させることができません。このような状況に至ったときは、家庭裁判所に遺産分割の申立てを行い、裁判所の力を借りて遺産分割をすることになります。

　家庭裁判所への申立てには、調停の申立てと審判の申立ての2種類があります。審判を申し立てる場合に、審判に先立って調停を申し立てなければならないケースもありますが、遺産分割の申立ては、先に調停の申立てをしなければならないわけではありません。

　しかし、審判の申立てをしても、家庭裁判所の判断により、調停手続きが先に行われることが多く、調停不成立の場合に審判手続きへと移行します。

どんな手続きをするのか

　遺産分割の調停を申し立てた場合、あるいは審判の申立てをしても家庭裁判所の判断で調停手続きに回された場合には、裁判官と調停委員（弁護士や医師などの専門家が担当します）によって構成される調停委員会が、各相続人など当事者の言い分を聴き取り、相続人全員が合意に至ることができるように、合意をあっせんし、当事者の意見を調整するなど、合意に向けてさまざまな援助を試みます。

● **遺産分割調停・審判**

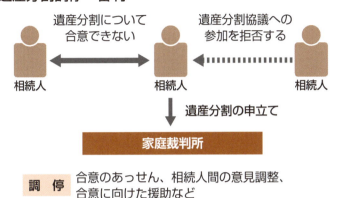

調　停	合意のあっせん、相続人間の意見調整、合意に向けた援助など
審　判	調停不成立の場合に、諸事項を総合的に考慮して、審判による相続財産の配分を行う

　調停の結果、相続人全員の合意に至った場合には、合意した内容を調停調書という文書に記載することで、遺産分割が終了します。これに対し、合意に至らないなど調停が不成立になった場合には、自動的に遺産分割は審判手続きに移行することになります。

　遺産分割の審判手続きにおいては、相続人や相続財産の範囲、相続財産の評価に関する問題など、遺産分割の前提問題について争いがある場合には、これらの問題を先に取り扱います。

　前提問題が解決されると、家庭裁判所は、債務や遺贈の有無、特別受益や寄与分の対象になる相続人の有無などを確認し、さまざまな事情を考慮した上で、遺産分割に関する一定の判断を示します。

　調停手続きとは異なり、審判手続きにおいては、当事者が遺産分割について合意に達しなくても、遺産分割に関する判断を先送りにすることはありません。審判による遺産分割は、原則として相続財産をそのままの形態で分割する現物分割が基本です。審判の内容に不服がある人は、審判の内容が知らされた日から2週間以内に、高等裁判所に不服申立てをすることが可能です（これを即時抗告といいます）。

書式 遺産分割調停記載例

この申立書の写しは、法律の定めるところにより、申立ての内容を知らせるため、相手方に送付されます。

受付印	遺産分割	☑ 調停 □ 審判	申立書

(この欄に申立て1件あたり収入印紙1,200円分を貼ってください。)

収入印紙　　　円
予納郵便切手　　円

(貼った印紙に押印しないでください。)

家庭裁判所 　　　御中 平成 30 年 11 月 3 日	申 立 人 (又は法定代理人など) の記名押印	三省　一郎　㊞

添付書類
（審理のために必要な場合は、追加書類の提出をお願いすることがあります。）
☑ 戸籍（除籍・改製原戸籍）謄本(全部事項証明書) 合計 4 通
☑ 住民票又は戸籍附票 合計 4 通　　☑ 不動産登記事項証明書 合計 1 通
☑ 固定資産評価証明書 合計 1 通　　☑ 預貯金通帳写し又は残高証明書 合計 3 通
☑ 有価証券写し 合計 3 通　　□

準口頭

当事者	別紙当事者目録記載のとおり

被 相 続 人	本　籍 (国籍)	大阪 ☑府県 大阪市○○区○丁目○番
	最後の 住　所	大阪 ☑府県 大阪市××区×丁目○番○号
	フリガナ 氏　名	サンセイ　タロウ 三省　太郎　　平成 30 年 6 月 25 日死亡

申　立　て　の　趣　旨

被相続人の遺産の分割の（☑ 調停 ／ □ 審判）を求める。

申　立　て　の　理　由

遺産の種類及び内容	別紙遺産目録記載のとおり
被相続人の債務	☑ 有 ／ □ 無 ／ □ 不明
☆ 特 別 受 益	☑ 有 ／ □ 無 ／ □ 不明
遺　　言	□ 有 ／ ☑ 無 ／ □ 不明
遺産分割協議書	□ 有 ／ ☑ 無 ／ □ 不明
申立ての動機	☑ 分割の方法が決まらない。 □ 相続人の資格に争いがある。 ☑ 遺産の範囲に争いがある。 □ その他（　　　　　　　　　　　　　　　　）

(注) 太枠の中だけ記入してください。
　　□の部分は該当するものにチェックしてください。
　　☆の部分は、被相続人から生前に贈与を受けている等特別な利益を受けている者の有無を選択してください。「有」を選択した場合には、遺産目録のほかに、特別受益目録を作成の上、別紙として添付してください。

遺産 (1/)

(942100)

この申立書の写しは，法律の定めるところにより，申立ての内容を知らせるため，相手方に送付されます。

当事者目録

☑申立人 / □相手方	本籍(国籍)	大阪 都道府県	大阪市△△区×丁目○番
	住所	〒000-0000 大阪市○○区○丁目○番○○マンション605号	(方)
	フリガナ 氏名	サンセイ イチロウ 三省 一郎	大正・昭和・平成 52年10月10日生 (歳)
	被相続人との続柄	長男	
□申立人 / ☑相手方	本籍(国籍)	大阪 都道府県	大阪市○○区○丁目○番
	住所	〒000-0000 大阪市××区×丁目○番○号	(方)
	フリガナ 氏名	サンセイ アイコ 三省 愛子	大正・昭和・平成 25年5月15日生 (歳)
	被相続人との続柄	妻	
□申立人 / ☑相手方	本籍(国籍)	大阪 都道府県	門真市△△区×丁目○番
	住所	〒000-0000 和歌山県和歌山市○○町○丁目○番○号	(方)
	フリガナ 氏名	タナカ ハナ 田中 華	大正・昭和・平成 57年3月3日生 (歳)
	被相続人との続柄	長女	

● **申立書作成上の注意点** ●

　遺産分割調停と遺産分割審判の共通の書式が、裁判所のホームページからダウンロードできます。遺産分割調停申立書を作成する場合は、調停の□欄にチェックを入れます。なお、日付の記入欄には、申立書を作成した年月日を記載します。

　申立ての趣旨や申立ての理由の欄は、書式に従って、必要な□欄にチェックを入れていきます。とくに、被相続人の債務、特別受益、遺言、遺産分割協議書の有無については、個別で事情が異なる事項ですので、正確な情報を記載しましょう。

　また、当事者目録の欄には、申立人と相手方の区別に留意して、当事者にあたる相続人をもれなく記入しなければなりません。各当事者に、裁判所から連絡を取る場合もありますので、必ず確実に連絡が取れる連絡先を記載しましょう。

7 遺産分割以外の相続トラブル

どんな場合に問題になるのか

　相続をめぐっては、遺産分割に関するトラブル以外にも、その前提問題についてトラブルが生じることがあります。具体的には、①相続人の範囲に関する問題、②遺産の範囲に関する問題が、遺産分割の前提問題のおもなトラブルとして挙げることができます。

① **相続人の範囲に争いがある場合（行方不明者がいる場合も含む）**

　相続財産を配分する前提として、相続人の範囲に関する問題があります。相続人に含まれる人を含めていなかったり、反対に含まれない無関係の人（相続欠格者、廃除された人、相続放棄をした人など）を含めたりして、相続財産の配分をしてしまうことも考えられます。

　まず、相続人に含まれるべき人を含めていない遺産分割は、遺産分割終了後に認知された子が生じた場合（⇨P.129参照）を除き、当然に無効となりますから、遺産分割のやり直しが必要です。

　一方、無関係の人が含まれている場合で、遺産分割が終了しているときは、無関係の人に対する遺産分割の効力が否定されます。この場合は、相続人に含まれる人は全員参加していますから、遺産分割全体を無効にする必要はありません。そして、無関係の人に配分した相続財産についてのみ、相続人全員で改めて遺産分割協議をします。

　なお、相続人の中に行方不明者が含まれる場合、家庭裁判所に不在者管理人の選任を請求する必要があります。遺産分割は本人の意向が重要な要素であるため、選任された不在者管理人が遺産分割に加わるときは、別途に家庭裁判所の許可が必要です。

② **遺産の範囲に争いがある場合**

　ある財産が相続財産であるかどうかが不明である場合など、遺産の

● 遺産分割以外のトラブル

| 相続人の範囲を
めぐる問題
(行方不明者の場合) | 行方不明者 | 家庭裁判所
が選任 特別代理人 → 遺産分割手続きへ |

| 相続財産の範囲を
めぐる問題 | 審判手続き ⇒家庭裁判所に確認を求められる
争いがある場合は遺産確認の訴えを提起する |

| その他の問題
(例)遺留分侵害額請求権 | 遺留分を
侵害された相続人 | 裁判所に対する調停・訴訟の手続きを
利用することが可能 |

範囲に関する問題もあります。遺産分割の審判では、審判をする前提として、家庭裁判所が遺産の範囲に関する判断を示しますが、この判断には相続人を拘束する効力がないとされています。したがって、特定の財産が遺産に含まれるかどうか、相続人間の争いが解決しそうにないときは、その特定の財産が遺産に含まれるか否かを判断する「遺産確認の訴え」という民事訴訟を提起することが必要になります。

その他の問題について

遺産分割の前提問題以外にも、相続をめぐるトラブルとして遺留分をめぐる争いがあります。遺産分割によって遺留分を侵害された兄弟姉妹以外の相続人は、自分の遺留分を確保するため、遺留分侵害額請求をすることができます。その他、遺言者の遺した遺言が方式に反する場合などは、その遺言が無効になることがあります。これらのトラブルについても、家庭裁判所に調停を求めたり、通常の民事訴訟を提起したりすることが可能です。

Column

相続人の中に認知症の人や行方不明者がいる場合

　遺産分割の手続きに際し、相続人の中に重い認知症や精神障害などで判断能力に欠ける者や不十分な者がいる場合、もしくは行方不明者がいる場合でも、相続人としての権利を持っているため、その人を除外して遺産分割協議をすることはできません。

　相続人の中に重い認知症などの人がいるときは、家庭裁判所に対し、その人を成年被後見人にするよう申し立て、成年後見人を選任してもらう必要があります。これを後見開始の審判といいます。成年後見人は、判断能力に欠ける成年被後見人が不利益を被ることのないように、その代理人の立場として、財産管理や遺産分割協議などを行います。

　ただし、成年後見人が成年被後見人とともに相続人の1人である場合は、後見監督人（後見人の業務を監視する人のこと）が遺産分割協議を行います。もし後見監督人がいなければ、家庭裁判所に選任してもらった特別代理人が遺産分割協議を行います。

　相続人の中に行方不明者がいる場合は、その人の戸籍の附票などから住所を特定することが可能です。しかし、記載された住所に戻ってくる見込みがなければ、家庭裁判所に行方不明者に対する不在者財産管理人を選任してもらう必要があります。そして、選任された不在者財産管理人が、家庭裁判所の許可を得て、行方不明者の代わりに遺産分割協議を行います。

　7年以上行方不明で生死不明な者が相続人の中にいる場合、家庭裁判所に失踪申告の申立てをすることで、その人を行方不明時から7年後に死亡したとみなして、遺産分割ができます（普通失踪）。また、船舶、飛行機事故、震災などの危難が去ってから1年間生死不明である場合、失踪宣告の申立てにより危難が去った時点で死亡したとみなし、遺産分割ができます（特別失踪）。

第5章
相続登記のしくみ

1 相続登記が必要になる場合

なぜ相続登記が必要になのか

　相続登記とは、被相続人が所有していた土地や建物（不動産）の名義を相続人の方へ変更する手続きのことで、法務局に申請書を提出して行います。

　現在のところ、相続登記は「義務ではなく権利である」と言われています。つまり、相続登記をしなくても罰金などのペナルティが科せられるわけではありませんが、相続登記をしない限り、所有者であることを他人に主張することはできません。所有者であることを主張できないと、相続した不動産を売却したり、その不動産を担保に融資を受けたりすることができなくなります。そのため、所有者であるという権利を相続登記によって確定させておく必要があります。

　現在では、不動産が必ずしも価値を持たない場合もあります。しかし、相続登記を行うとなると、登録免許税をはじめ、少なからず費用がかかることや、手続きが面倒なことから、相続登記が行われずに放置されていることも少なくありません。しかし、相続登記をせずに放置していると、相続人の中に死亡する人もでてきます。相続人が亡くなれば、その相続人について新たに相続が開始します。これを数次相続といいますが、数次相続が次々に起こると、ねずみ算式に相続人が膨れ上がってしまい、不動産に関する権利関係を複雑にします。

　通常、相続登記の手続きは、相続人全員が参加する遺産分割協議により、誰が所有権を取得するのかを決定してから申請しますが、数次相続が発生しているケースでは、相続人の中に面識がない人がいる、音信不通である、連絡先を知らないといったこともあり、遺産分割協議自体が成立しないことも少なくはありません。

● 相続登記をせずに放置していた場合の困り事

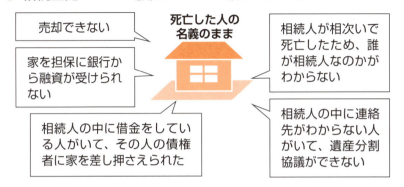

　また、相続登記をするまでの間、相続した不動産は相続人全員の共有になり、各相続人は不動産について、法定相続分に応じた持分を持つことになります。そのため、相続登記をせずに放置していると、特定の相続人が自分の持分を勝手に売却したり、あるいは相続人の中に借金をしている人がいれば、その債権者が持分を差し押さえるといったトラブルが発生する危険性もあります。

登記はどのような流れで行うのか

　相続登記の手続きは「誰が相続人か（相続人の確定）」と「その財産が相続財産に属するか（相続財産の調査）」を調べることからスタートします。これは預貯金口座の名義変更などをする場合も同じです。

　相続人の確定に関しては、被相続人の出生から死亡までの戸籍をすべて取り寄せて調査します。一方、不動産の調査に関しては、市区長村役場で名寄帳を取得する方法があります。名寄帳は所有者ごとの不動産を一覧にしたもので、固定資産課税台帳とも呼ばれています。

　相続人と相続財産が確定すれば、具体的に「誰がどの財産を相続するか」を相続人全員が参加する遺産分割協議などで決めます。遺産分割協議が成立すれば、その内容を遺産分割協議書に記載し、相続人全員が署名押印した上で、申請書とともに法務局に提出します。

2 登記申請の必要書類

どんな書類が必要になるのか

　相続登記を申請するときは、さまざまな書類をまとめて、法務局へ提出する必要があります。必要となる書類の種類は、**登記申請書**に加えて、次のような４種類に分けることができます。

・相続を証明する書類（登記原因証明情報）
・所有権を取得する相続人の住民票の写しなど（住所証明情報）
・司法書士などの代理人に登記申請を依頼する場合は委任状（代理権限証明情報）
・登録免許税を計算するための固定資産評価証明書

　登記申請書は、法務局のホームページなどから取得することが可能です。登記原因証明情報は、相続登記においては遺産分割協議書や遺言書などが利用されます。相続登記におけるおもな不動産の取得原因には、①遺言、②遺産分割、③法定相続分の３種類があります。すべての申請に共通の書類として、被相続人の住民票の除票の写し（登記名義人と被相続人の同一性を確認するため）、不動産を取得する相続人の住民票の写し（現住所を確認するため）が必要です。

　以下では、相続登記のパターンに応じて、それぞれの手続きに必要とされるおもな添付書類について説明していきます。

遺言による不動産の取得

　遺言書が遺されている場合は、何よりもまず、登記原因証明情報として遺言書が必要です。遺言書の提出に際して、公正証書遺言以外の場合、たとえば自筆証書遺言や秘密証書遺言の場合は、家庭裁判所の検認済証明書を添付しなければなりません。したがって、遺言書の検

● 相続登記に必要な書類

共通して必要な書類	申請書　登記原因証明情報　住所証明情報 代理権限証明情報　固定資産評価証明
共通して必要な添付書類	被相続人死亡の記載のある戸籍謄本あるいは住民票の除票
①遺言による取得の場合	遺言書 不動産を取得する相続人の現在の戸籍謄本
②遺産分割による取得の場合	被相続人の出生から死亡までの戸籍謄本 相続人全員の現在の戸籍謄本 遺産分割協議書 相続人全員の印鑑証明書
③法定相続分による取得の場合	被相続人の出生から死亡までの戸籍謄本 相続人全員の現在の戸籍謄本

認をしていない公正証書遺言以外の遺言書は、相続登記の申請には利用できません。なお、自筆証書遺言の保管制度（2020年7月頃までに導入予定）を利用した遺言書については、例外的に検認済証明書の添付が不要になります。

　遺言に基づく相続登記は、遺言書が真正であることが重要になりますので、遺言書の原本を提出しなければなりません。ただし、遺言書のコピーを添付するなど、所定の手続きをすることで、相続登記の手続き完了後に、遺言書の原本の返却を受けることができます。これを**原本還付**と呼んでいます。

　遺言書とともに、登記原因証明情報として、遺言書で指定された相続登記の申請者（相続人）と被相続人との親族関係を証明する書類が必要です。具体的には、被相続人の出生から死亡までの連続した戸籍謄本（除籍謄本や改製原戸籍謄本が必要なこともあります）と、相続人の現在の戸籍謄本を提出しなければなりません。

　なお、被相続人や相続人の戸籍謄本などは、**相続関係説明図**（被相

続人と相続人の関係を図示した書類のこと）を提出することによって、相続登記の完了後に返還を受けることができます（原本還付）。

遺産分割による不動産の取得

　遺産分割をしたときは、登記原因証明情報として、次のような相続人全員が遺産分割に参加した事実を証明する書類が必要です。
・被相続人の出生から死亡までのすべての戸籍謄本（除籍謄本や改製原戸籍謄本が必要なこともあります）
・相続人全員の現在の戸籍謄本
・遺産分割協議書（相続人全員が署名して実印で押印）
・相続人全員の印鑑証明書

　なお、遺産分割協議書のコピーや相続関係説明図を提出すれば、原本還付を受けることができる点は、遺言による場合と同様です。遺産分割が審判や調停による場合は、遺産分割協議書の代わりに、審判調書や調停調書を提出します。

法定相続分に基づく不動産の取得

　民法で定められた法定相続分に基づいて相続登記をする場合は、登記原因証明情報として、次のような相続人全員を証明する書類が必要です。なお、相続関係説明図を提出すれば、原本還付を受けることができる点は、他の場合と同様です。
・被相続人の出生から死亡までのすべての戸籍謄本（除籍謄本や改製原戸籍謄本が必要なこともあります）
・相続人全員の現在の戸籍謄本

相続分不存在証明書とは

　遺産分割による相続登記の手続きにおいて、特定の相続人が、被相続人の生前に財産の贈与を受け、あるいは遺贈により相続分を超える

書式 相続分不存在証明書（特別受益証明書）記載例

証　明　書

　私〇〇〇〇は、すでに、生計の資本として、被相続人から相続分に等しい財産の贈与を受けております。そのため、平成30年8月10日に被相続人の死亡により開始した相続に関しては、私に相続する相続分がないことを証明します。

平成30年10月15日

　　　　　　本　籍　　大阪市中央区〇〇町〇丁目〇番〇号
　　　　　　　　　　　　　　被相続人　△△△△
　　　　　　住　所　　大阪市北区〇〇町〇丁目〇番〇号
　　　　　　　　　　　　　　相続人　　〇〇〇〇　㊞

財産を取得した（特別受益といいます）ことで、相続分がゼロになる場合があります。このとき、相続分がゼロの相続人が、自分の相続分がないことを証明する**相続分不存在証明書**を作成し、これを申請者が相続登記の添付書類として提出することがあります。

　相続分不存在証明書は、相続人が1人で作成できるため、手続きが容易でありながら、実質的にその相続人が相続を放棄したのと似た効果を得られるため、事実上の放棄とも呼ばれています。なお、遺産分割協議書に特定の相続人の相続分がゼロという事実を明記した場合は、別途に相続分不存在証明書の作成・提出は不要です。

登録免許税とは

　相続登記を申請する際は、法務局に**登録免許税**を納めます。登録免許税の納付方法は、原則として、登録免許税に相当する金額の収入印紙を登記申請書に貼り付けて提出することになります。

　登録免許税の金額は、登記手続きの種類に応じて異なります。相続登記の場合は、不動産の価格（固定資産評価額）の4/1000の金額が登録免許税です。土地も建物も同様に計算します。たとえば、固定資

産評価額2000万円の土地を相続した場合、登録免許税は「2000万円 × 4/1000 = 80000円」になります。

　なお、2018年の税制改正（2018年4月1日施行）により、相続登記の登録免許税の免税措置が認められています。たとえば、土地の所有者Aが死亡し、土地をBが相続したが、Bが相続登記をしないで死亡し、Cが土地を相続したとします。この場合、相続登記は「A→B」「B→C」の順番にすることを要しますが、2018年4月1日から2021年3月31日までの間に、Cが土地について「A→B」の相続登記を申請する場合は、登録免許税が不要になるという免税措置です。この免税措置により、Cは「B→C」という自分への登記申請の登録免許税を納付するだけで、相続登記を申請することが可能になります。

　相続登記の申請は、相続人自身が行うこともできます。しかし、必要な手続きが煩雑であることも事実ですので、司法書士に登記申請を依頼することが多いでしょう。この場合、登録免許税などの費用とは別に、司法書士に対する報酬が必要になります。

登記申請書を準備する

　遺産分割協議の成立により、被相続人Aの土地を相続人Bが相続する場合を例にして、登記申請書の記載を見ていきましょう。

　登記申請書には、登記の目的として「所有権移転」と記載します。登記原因には、Aが死亡した日を記入し、その横に「相続」と記載します。申請人として、Bの住所と氏名を記載します。添付書類は、被相続人の住民票の除票の写し、申請者の住民票の写し、Aの出生から死亡までのすべての戸籍謄本、遺産分割協議書、相続人全員の印鑑証明書などです。課税価格には、固定資産評価証明書に「価格」または「評価額」として記載されている価格を記入します（千円未満は切捨て）。登録免許税には、課税価格に4/1000を乗じた金額（百円未満は切捨て）を記載します。

書式 登記申請書記載例

（受付シール貼付欄）

登記申請書

登記の目的　所有権移転

原　　　因　平成30年8月5日相続

相　続　人（被相続人A）

　　（申請人）大阪市中央区〇〇町1－2－3
　　　　　　　　　　B　　　　㊞
　　　　　　　連絡先の電話番号00－0000－0000

添付情報

　登記原因証明情報　住所証明情報

□登記識別情報の通知を希望しません。

平成30年10月10日申請　〇〇法務局御中

課税価格　金1000万円

登録免許税　金4万円

不動産の表示

不動産番号　0000000000000
所　　在　大阪市〇〇区〇町4丁目
地　　番　5番
地　　目　宅地
地　　積　100.12平方メートル

【ポイント①】
原因の日付は、被相続人の死亡日（戸籍に死亡日として記載されている日付）を記入する。

【ポイント②】
登録免許税の金額は、不動産の課税価格に4/1000を乗じて算出する。
たとえば、課税価格が1000万円の場合、1000万円×4/1000＝4万円になる。

【ポイント③】
不動産の所在などについては、不動産番号を記載した場合は、記載を省略することも可能である。

3 法定相続証明制度

法定相続証明制度は何のために利用するのか

　相続登記の手続きは、被相続人の出生から死亡までの戸籍謄本、相続人全員の戸籍謄本など、多数の書類の提出が必要である他、これらの書類の還付を受けないと、他の手続きを迅速に進められない（再取得が必要になる）ことが問題とされています。そのため、相続登記が後回しにされたり、そのまま放置されることもありました。

　そこで、相続に関する諸手続きの簡便化と、相続登記の促進のために導入されたのが**法定相続証明制度**です。この制度の導入により、法務局発行の「法定相続情報一覧図」を提出すれば、金融機関などへの戸籍謄本の提出が不要になり、時間や手間を省くことができます。

　法定相続情報一覧図の交付を希望する人は、①被相続人の出生から死亡までのすべての戸籍（除籍、改製原戸籍）謄本、②被相続人の住民票の除票の写し、③相続人全員の現在の戸籍謄本を収集します。

　その後、被相続人の戸籍から判明した相続人を一覧にした図を作成します。このとき、相続人の住所も一覧図に記載する場合は、④相続人全員の住民票の写しも収集します。

　一覧図を作成後、申出書（法務局のホームページからダウンロードできます）に必要事項を記入した上で、①～④の書類や作成した法定相続情報一覧図と、申出人の住所と氏名を確認できる運転免許証などの公的書類を添付し、法務局に提出します。提出先は、被相続人の本籍地、被相続人の最後の住所地、申出人の住所地、被相続人名義の不動産の所在地のいずれかを管轄する法務局です。

　法務局では、登記官が申出の内容を確認し、認証文をつけて、申出人に法定相続情報一覧図の写しを交付します。交付費用は無料で、法

書式 法定相続情報一覧図記載例

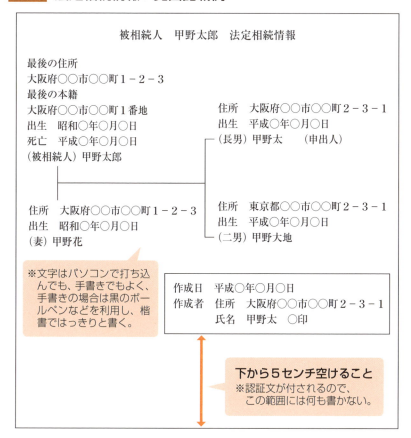

務局が保存義務を負う5年間は何通でも再交付してもらうことができます。ただし、再交付の請求ができるのは申出人に限られます。

　法定相続情報一覧図の作成方法は、A4縦用紙に、被相続人の最後の本籍・住所と出生・死亡の年月日を記載します。法定相続情報一覧図は、相続開始時の相続人を証明する書類ですから、相続人となる人だけの氏名（住民票の写しを提出するときは住所も）、出生年月日を記載します。このとき、申出人の氏名の横に（申出人）と記載し、最後に作成者の住所・氏名と作成日を記入し、これに押印します。

4 登記手続きの流れ

どんな手続きをするのか

　土地や建物といった不動産は、法務局（登記所）が管理する「登記簿」という帳簿に所有者として氏名や住所が記載されることで、はじめて他人に対し、自分が不動産の所有者であると主張することができます。したがって、不動産を相続した人は、被相続人（故人）から自分に登記簿上の所有者の名義を書き換えることが必要です。これが前述した相続登記です。

　相続登記の申請は、登記申請書と必要書類を準備し、相続する不動産の住所地を管轄する法務局に提出します。管轄法務局の場所は、法務局のホームページ（http://houmukyoku.moj.go.jp）で調べることができます。直接法務局の窓口に提出する方法の他、郵送やオンラインによる申請も可能です。ただし、オンラインによる申請は、利用者登録の手続きなどが煩雑なので、司法書士などの専門家でなければ、窓口持参か郵送を利用するのが一般的です。

　提出された登記申請書には、登記官（登記に関する手続きをする公務員のこと）が受付年月日と受付番号を記載します。その後、申請のあった登記記録と照らしあわせて、登記申請書に誤りがないか、添付書類に不備がないかを登記官が審査します。登記官の審査は、提出された登記申請書、添付書類、登記記録から正否を判断するため、添付書類などに不備があれば、正しい審査ができなくなります。不備が軽微であれば、それを訂正するために登記官が「補正」を命じます。申請書類に不備がなく、また不備があっても正しく補正されれば、申請内容に従って、登記簿の記載が登記官によって書き換えられます。

　これらの手続きが適切に処理されたか、申請内容のとおりに正しく

● **登記手続きの流れ**

```
┌─────────────────────────────────┐
│    相続人の確定・相続財産の調査    │
└─────────────────────────────────┘
              ▼
┌─────────────────────────────────┐
│    相続人全員による遺産分割協議    │
└─────────────────────────────────┘
              ▼
┌─────────────────────────────────┐
│     申請書と必要書類をそろえて、   │
│   不動産を管轄する法務局へ登記を申請  │
└─────────────────────────────────┘
              ▼
┌─────────────────────────────────┐
│      法務局で登記官による審査      │
└─────────────────────────────────┘
              ▼
┌─────────────────────────────────┐
│  申請書類等に不備があれば補正が命じられる │
└─────────────────────────────────┘
              ▼
┌─────────────────────────────────┐
│    登記識別情報・登記完了証の交付   │
└─────────────────────────────────┘
```

登記されたかを登記官が再度チェックして、不備がなければ、**登記識別情報**と**登記完了証**を申請者に交付します。登記識別情報は、従来の権利証（登記済権利証）に代わるもので、相続した不動産を売却するときの必要書類ですので、大切に保管します。なお、登記識別情報や登記完了証は、窓口で受け取る方法と郵送してもらう方法があり、相続登記の申請書に、どちらか都合のよい方法を記載します。

登記申請の補正について

　補正とは、申請書の記載ミスや添付書類の不備などがある場合、それを直すように登記官が申請人に命じることです。窓口あるいは郵送で登記申請をした場合は、直接法務局に赴いて補正しなければなりません（郵送での補正は不可）。その際、登記申請書に押印した印鑑が必要ですから、必ず印鑑を持参しましょう。たとえば、被相続人の出生から死亡までのすべての戸籍謄本のうち、ある時期の戸籍が足りないことがあります。この場合、該当する戸籍を取得し、法務局に提出します。一定期間内に補正がされない場合、登記申請が却下されます。

Column

所有者不明の土地に関する相続登記の義務化

　近年、所有者不明の土地や空き家の全国的な増加が深刻化しており、それに伴い、相続登記をしないでいることも問題とされています。少子高齢化による人口減少や、不動産に対する若い世代の価値観の変化などもあり、所有者不明の土地が農地や山林だけではなく宅地にも広がり、大きな問題となっています。

　相続登記とは、被相続人が亡くなって相続が発生した場合に、被相続人が所有していた土地や建物などの不動産の名義を変更する手続きをいいます。相続登記が行われないことにより、不動産の管理が放置され、空き家の老朽化などの環境悪化を招く他、災害からの復旧・復興事業や、道路新設などの公共事業による用地買収の際に、不動産の所有者がわからず多大な時間と費用がかかるなど、社会的・経済的にも大きな問題となっています。

　そこで、2018年12月現在、相続登記の義務化、行政による所有者不明土地の利用権設定、土地所有権を放棄できる制度、違反行為に対する罰金刑の導入など、土地所有に関する従来の基本的制度を見直す法改正が検討されています。

　たとえば、土地や建物を相続した時に、登記簿上の所有者情報を変更することを義務付ける制度、所有者の氏名・住所などが正確に登記されていない土地について、法務局の登記官に所有者を特定するための調査権限を与える制度、企業や地方自治体が土地を利用したい場合に、所有者の死亡情報と国が管理する登記情報を用いて、現在の所有者を調べることができるシステムの構築、マイナンバーへのひも付けなどが検討されています。

　現在の相続登記は任意で、登記申請は相続人の判断に委ねられていますが、所有者不明の土地問題への対策として、2019年の通常国会に不動産登記法などの改正案が提出される予定です。

第6章
相続税・贈与税のしくみ

1 相続税のしくみ

相続税はなぜ課税されるのか

　相続税とは、故人（被相続人）の財産を、相続や遺贈により取得した人に対して課される税金をいいます。相続税が課せられる目的は、特定の人に財産が集中することを防ぎ、富を社会に還元することにあるといわれています。つまり、被相続人が財産を築くにあたり、何らかの社会から受けた恩恵の一部を、相続の機会に、社会に還元するというしくみがとられています。相続税は、人の死亡によって財産が移転することにより課される税金です。財産を受け取った人が、財産の大きさに応じて相続税を納めることになります。ただし、財産が一定の金額に達するまでは、相続税を納める義務が発生しません。このときの「一定の金額」のことを、**基礎控除額**といいます。

　基礎控除額は、相続人の人数に応じて計算されるものです。つまり、この基礎控除額というものを計算して、基礎控除額の範囲内に相続する財産が収まれば、相続税は課税されないことになります。

　相続税が課税されない場合には、相続税の申告書を税務署に提出する必要もありません。ただし、結果的に相続税を納める必要がない場合でも、小規模宅地等の特例を利用する場合など一部のケースでは申告書を提出する必要があるため注意が必要です。

相続税がかかる場合は相続人の数で決まる

　相続する故人の財産が基礎控除額以下であれば、相続税は課税されません。この基礎控除額の計算は「3,000万円＋600万円×法定相続人の数」で計算されます。

　たとえば、相続する故人の財産が5,000万円ある家庭で相続が発生

● **法定相続人の数による基礎控除額**

法定相続人の数	計算過程	基礎控除額
1人	3,000万円＋600万円×1人	3,600万円
2人	3,000万円＋600万円×2人	4,200万円
3人	3,000万円＋600万円×3人	4,800万円
4人	3,000万円＋600万円×4人	5,400万円

した場合には、相続する人数により相続税がかかる場合と相続税がかからない場合が考えられます。

　よくある夫・妻・子1人の家族構成で夫が死亡した場合には、相続人は妻・子1人になりますので、合計2人です。この場合の基礎控除額は「3,000万円＋600万円×2（法定相続人の数）」で計算して、4,200万円となります。

　したがって、相続する故人の財産5,000万円に対して、基礎控除額は4,200万円となり、相続する故人の財産が基礎控除額以下となりませんから、相続税を納める可能性が出てきます。

　これに対し、夫・妻・子3人の家族構成の場合はどうでしょうか。夫が死亡した場合には、相続人は妻・子3人になりますので、合計4人です。この場合の基礎控除額は「3,000万円＋600万円×4（法定相続人の数）」で計算して、5,400万円となります。

　したがって、相続する財産5,000万円に対して、基礎控除額は5,400万円となり、相続する財産が基礎控除額以下になりますから、相続税を納める必要はないことになります。

2 相続財産の評価

遺産にはどんなものがあるのか

　相続税を計算する際には、何が相続税の対象で、それぞれの価値がいくらなのか、評価することが必要です。そのため、はじめに相続税の対象となる「遺産」の範囲を知らなければなりません。

　遺産とは、被相続人（故人）に属するもののうち、金銭的に評価できるすべてのものを指します。典型的なものとしては、土地・建物を含む不動産全般、現金、預貯金、宝石・貴金属、書画・骨董品などがすぐに思い浮かぶでしょう。また、自動車や家財、日用品といった身の回りのものも遺産に含まれます。その他、株式などの有価証券類、ゴルフ会員権、特許権や著作権など、有形無形を問わず、経済的価値のあるすべてのものが遺産に含まれます。ただし、被相続人の得ていた名誉、信用、会社経営上の地位など、金銭に換算できない財産は対象外ですから、遺産には含まれません。

　一方、プラスの財産だけではなく、マイナスの財産も遺産に含まれる点に注意が必要です。具体的には、借金、買掛金、住宅ローンなどの負債や、未払いの税金などが該当します。マイナスの財産の価額は、遺産総額（プラスの財産の総額）から控除されます。

みなし相続財産とは

　本来は被相続人に属していた財産でないものの、その死亡が原因で相続人が得ることになった財産も、税法上は遺産に含まれるとみなして相続税の対象とします。これをみなし相続財産といいます。みなし相続財産の典型例は、生命保険金と死亡退職金です。

　生命保険金は、保険契約により相続人あるいは他人が金銭を受け取

● 相続税のかかる財産

本来の相続財産	土地	宅地（自用地、貸地、貸家建付地、借地権など） 農地、山林、原野、牧場など
	家屋	自宅、貸家など
	有価証券	株式・出資金（上場株式、非上場株式、出資金など）、公社債（国債、地方債、社債など）
	現金・預貯金	現金、郵便貯金、銀行預金、小切手、金銭信託など
	その他	電話加入権、ゴルフ会員権、著作権、特許権、営業権、家財道具、自動車、船舶 書画、骨董品、貴金属、宝石、貸付金、売掛金など

みなし相続財産	生命保険金、死亡退職金、定期金（年金）に関する権利など

　る権利を持ちますので、本来は被相続人の相続財産といえません。しかし、被相続人の死亡が原因で得られる金銭という点では、本来の相続財産と変わりありません。たとえば、夫が生命保険料を支払い、その死亡により相続人である妻が保険金を受け取る場合、夫の財産が保険契約を通じて妻に移転されたことになり、相続と同じような効果があります。そのため、みなし相続財産として相続税が課されます。

　ただし、生命保険金については、保険料の支払者と保険金の受取人の関係により、相続税ではなく所得税や贈与税など他の税金の対象となる場合もあります（⇨ P.29 参照）。

　死亡退職金とは、本来は被相続人が退職のときに受け取るはずだった退職金で、その死亡によって遺族が受け取る金銭です。被相続人の死亡が原因になっている点から、みなし相続財産に含まれます。具体的には、死亡後3年以内に金額が確定したものが、みなし相続財産として相続税の対象となります。それ以後に金額が確定したものは、受け取った人の一時所得として、所得税の対象となります。

相続税の課税対象に加える贈与財産

本来の相続財産やみなし相続財産に加えて、次のように相続税の課税対象に加えられる贈与財産があります。

・相続開始前3年以内に取得した贈与財産

相続や遺贈により財産を取得した人が、被相続人から相続開始前3年以内に生前贈与により受け取った贈与財産がある場合、その価額は相続税の課税対象に含めます。これを生前贈与加算と呼びます。相続の発生を見越して駆け込みで生前贈与を行うような、過度な節税を防ぐ目的から設けられた取扱いです。

ただし、贈与時に贈与税が課されていた場合は、対象になる贈与財産を加算して計算した相続税額から、支払済みの贈与税額が差し引かれますので、二重に課税されるという心配はありません。

・相続時精算課税により贈与を受けた財産

相続時精算課税の適用を受けて贈与を受けた財産がある場合、その価額は相続税の課税対象に含めます。相続時精算課税は、相続時に税金を精算することを条件に、一定額までの生前贈与について贈与税の課税を先延ばしにする制度です。そこで、相続が発生した際には、その価額を課税対象に加えて相続税を計算します。

相続税がかからない財産もある

相続財産の中には、さまざまな理由から相続税を課税するのに適さない財産もあります。そのような財産は非課税、あるいはその一部が非課税として扱われます。代表的なものは次ページ図のとおりです。

相続財産の評価基準を知る

相続税額は、相続財産の金銭的価値をもとに計算するため、それぞれの相続財産がいくらの価値があるのかを評価することが重要です。

相続財産が現金や預貯金のみであれば、話は簡単です。しかし実際

● 相続税がかからない財産

非課税になる財産	墓地・墓石・仏壇・仏具・神を祭る道具など （純金製の仏壇など金銭的価値の高いものは除く）
	地方公共団体や公益目的の事業を行う特定の法人に寄附した相続・遺贈により取得した財産
	弔慰金・花輪代 　※業務上の死亡の場合 　　　⇒普通給与の3年分を超えると課税 　※業務上の死亡以外の場合 　　　⇒普通給与の半年分を超えると課税
みなし相続財産	生命保険金 ⇒500万円×法定相続人の人数まで非課税
	死亡退職金 ⇒500万円×法定相続人の人数まで非課税

には、土地や建物などの不動産、非上場株式などの有価証券、美術品など、金銭的価値を見積もることが容易でないものが相続財産に含まれるケースがほとんどであるため、その評価の方法が重要になるのです。相続税法では、相続財産は原則として「時価」で評価するとされていますが、時価という言葉はあいまいです。市場で取引がなされる財産も、取引価格はケースバイケースであり、どんな場合にもあてはまる客観的かつ公平な時価を算定することは困難といえます。

そのため、実務上は国税庁から公表されている**財産評価基本通達**という評価基準に従って評価します。財産評価基本通達の中では、各種の財産の評価方法を細かく定めています。そして、時価を算定する日は相続開始日と定めています。相続開始日から申告期限日（相続開始日の翌日から10か月後）までの間に、時価が大きく変動する可能性があるため、評価の基準日を統一しているのです。ただし、生前贈与における評価日は贈与を受けた日とされています。

3 不動産の評価

不動産の評価方法は種類（地目）ごとに異なる

　一口に不動産といってもその種類はさまざまで、それぞれに異なる評価方法が定められています。おもなものは次ページ図のとおりです。

　土地の評価額がいくらになるかというのは大きな問題です。不動産の売買にしろ相続税の課税にしろ、基本となるのは評価額だからです。土地の時価には、次の4つの種類があります。それぞれに適用すべき場面が異なりますので、その計算方法と適用すべきケースを把握する必要があります。順番に見ていきましょう。

① 取引価格（実勢価格・売買価額）

　現実の取引価格に基づく価額です。不動産の売買に用いられます。決まった計算方法があるわけではありませんが、近隣・類似の取引事例などから「相場」と呼ばれる金額があるのが通常です。不動産業者等に査定を依頼すればおおよその額が把握できます。

② 地価公示価格（標準価額）

　地価公示法に基づき毎年1月1日を基準に設定される、全国の基準地の価額です。具体的に何かに使われるための金額ではなく、一般の土地の取引に対する指標として設定されています。そのため、①とだいたい同額になることが多いといえます。

③ 相続税評価額（路線価）

　相続税または贈与税の課税に適用される価額です。路線価は、市街地の道路（路線）ごとに、そこに面する土地1㎡あたりの価額として設定されます。1月1日時点を基準として毎年改定され、7月1日に公表されます。具体的な価額については、地価公示価格の約80％を目安に設定されます。

● **不動産の評価方法**

1	宅地の評価方法	国税庁が定める路線価（道路に面する宅地の1㎡あたりの価額）に基づいて計算する路線価方式と、その土地の固定資産税評価額に一定の倍率を掛けて計算する倍率方式がある。
2	農地・山林の評価方法	倍率方式と、宅地比準方式がある。宅地比準方式は路線価方式を参考にする方法で、市街地に存在する農地・山林に適用される。
3	借地・貸地の評価方法	借地の場合は宅地の評価額に借地権割合を掛けて評価する。貸地の場合はその裏返しで、借地権分の金額を宅地評価額から差し引く。
4	家屋の評価方法	その家屋の固定資産税評価額に一定の倍率を掛けて計算する倍率方式で評価する。
5	借家・貸家の評価方法	借家の場合は家屋の評価額に借家権割合（ほぼ全国一律3割）を掛けて評価する。貸家の場合はその裏返しで、借家権分の金額を家屋の評価額から差し引く。

④　**固定資産税評価額**

　固定資産税等の課税に適用される価額です。それぞれの市町村が決定し、3年に一度評価替えが行われます。具体的な価額については、地価公示価格の約70％を目安に設定され、毎年送られてくる固定資産税納付書を見て確認することができます。

　相続税の計算で用いられるのは③の相続税評価額ですが、相続税評価額が一般的な時価より低くなっている（約80％程度）のには理由があります。これは、相続税評価額（路線価）による土地の評価額が、実際の時価を上回ることがないように余裕を持たせているからです。相続税評価額（路線価）が実際の時価を上回ると過度な相続税の負担が発生することになるため、そのような状況が発生しないよう配慮しているのです。

4 宅地の評価方法

宅地の評価方法には路線価方式と倍率方式がある

　宅地の評価方法は路線価方式と倍率方式の2種類があり、どちらかの方法で評価することになっています。どちらを採用するかは自由に選べるものではなく、その土地の所在地に路線価が定められているか否かによって決められています。一般的に、路線価の定めがある市街地にある宅地は路線価方式、路線価の定めがない市街地以外の地域（郊外や農村部など）は倍率方式で評価します。どちらで評価すべきか迷う場合には、最寄りの税務署に確認するのがよいでしょう。

① **路線価方式**

　路線価とは、道路に面した土地の1㎡当たりの標準価額のことで、路線価に宅地の面積を掛けて土地の評価額を計算するのが**路線価方式**です。おもに市街地にある路線価が定められた宅地に適用されます。各地域の路線価は「路線価図」という地図に記載されています。路線価図は各税務署で閲覧できる他、国税庁のホームページにも掲載されています。路線価は1月1日を基準日として毎年改定されますが、相続税における土地の評価は、死亡した年（相続が開始した年）を基準にするため、死亡した年に対応する路線価図を参照する点に注意が必要です。

　路線価方式の場合は、原則として「路線価×面積」が土地の評価額になりますが、土地の特性（土地の形状や道路に面しているかどうかなど）に応じて評価額の修正があります。

② **倍率方式**

　倍率方式とは、宅地の固定資産税評価額に、地域ごとに定められている一定の倍率を掛けて、土地の評価額を計算する方式です。路線価

● 路線価方式と倍率方式

土地の評価方法	路線価方式	倍率方式
おもな対象	市街地の宅地（路線価が定められている地域）	郊外・農村などの宅地（路線価が定められていない地域）
評価方法	路線価 × 面積 ※路線価は道路に面した土地1㎡当たりの価額	固定資産税評価額 × 一定の倍率
確認方法・特徴	路線価図に掲載 ＊土地の特性に応じて評価額の修正が必要	・固定資産税評価額 　⇒都税事務所、市区町村役場で確認 ・一定の倍率 　⇒評価倍率表に掲載 ＊土地の特性に応じた評価額の修正は不要

　が定められていない地域（おもに市街地以外）にある宅地に適用されます。固定資産税評価額を知りたい場合は、都税事務所や市区町村役場で確認することができます。また、計算に用いる「一定の倍率」を知りたい場合は、各税務署に問い合わせるか、路線価図といっしょに国税庁のホームページに掲載されている「評価倍率表」でも確認することができます。評価倍率表についても、路線価図と同じく、被相続人が死亡した年のものを参照します。

　なお、倍率方式は計算が簡単な反面、路線価方式のような土地の特性に応じた評価額の修正はありません。

路線価図の見方

　実際に路線価図を見てみると、いろいろな数字や図・記号が並んでいます。複雑そうに見えますが、一つひとつの意味を知ることで読み取ることができます。最初に、評価したい土地の場所を確認します。町丁名と街区番号の表示がありますので、それをもとに探します。

次に、その土地に面している道路を見ると、数字とアルファベットが書かれていることがわかります。この数字が路線価で、千円単位になっています。アルファベットは借地権割合を示しています。これは、借地や貸宅地の場合の評価に使うものです。たとえば「230D」と記載されている場合、路線価は23万円、借地権割合は60％とわかるのです。路線価は両脇の矢印の伸びている範囲まで適用されます。

　他に、路線価が丸やひし形の記号の中に書かれている箇所がありますが、この記号は「地区区分」を表し、繁華街地区や普通住宅地区など、7つに区分されています。路線価方式の計算では、土地の形状や道路への接面状況などに応じて評価額の修正を行うことがありますが、その際にこの地区区分の判定が必要になります。

　なお、記号の上下・左右に黒塗りや斜線が引かれている場合には注意が必要です。記号の黒塗りになっている部分は、黒塗りになっている側の路線の道路沿いのみが、地区区分に該当するという意味です。そして、斜線が引かれている部分は、その部分については地区区分から除かれるということを表しています。

評価額を修正する際の計算方法

　前述した路線価方式により、評価額を修正する際の具体的な計算方法について見ていきましょう。市街地にある土地の場合、その土地の面している道路に設定されている路線価に、その土地の面積を掛けることで評価額を算出できます。

土地の評価額＝路線価×面積

　しかし、実際の土地の価値は、形状、立地などその使い勝手に大きく左右されるものです。たとえば、きれいな長方形をしている土地は、ゆがんだ形の土地よりも使い勝手がよく評価は高くなります。そこで、路線価方式では、それぞれの土地の特性に応じて評価額を修正することになっています。ここでは代表的な修正計算を取り上げます。

● 路線価図の見方

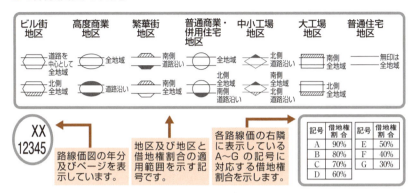

● 路線価図

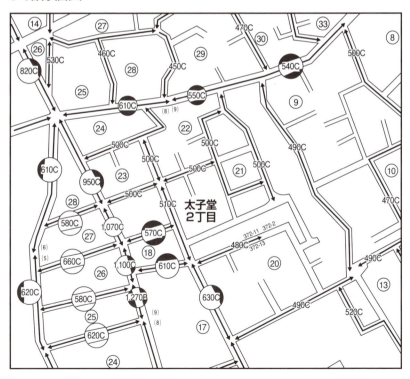

第6章 ● 相続税・贈与税のしくみ　175

・一方向のみ道路に接した宅地

　同じ面積の土地でも、道路に対する奥行の長短によって使い勝手は変わります。そこで、土地の奥行距離に応じて路線価を修正することを奥行価格補正といいます。この修正では「奥行価格補正率表」を用います。この表は上に地区区分、左に奥行距離が示されており、両者が交差したところの数値が奥行価格補正率となります。通常の土地の評価額に、この奥行価格補正率を掛けて評価額の修正を行います。

土地の評価額＝路線価×奥行価格補正率×面積

　具体例で考えてみましょう。普通住宅地区で面積が同じ300㎡の土地があるとします。路線価は20万円とします。奥行距離が10mの場合は補正率が1.0（修正なし）です。評価額＝20万円×1.0×300㎡＝6000万円となります。一方、奥行30mの場合は補正率が0.95です。評価額＝20万円×0.95×300㎡＝5700万円となります。同じ面積であっても、奥行距離に応じて評価額が異なることがわかります。

　とくに、間口距離に比べて奥行距離が長い土地に関しては「奥行長大補正率表」に基づく、奥行長大補正率を掛けることによって、さらなる調整が必要になります。つまり、奥行が長大な土地については、より節税が可能な場合があるということです。前述の例で、普通住宅地区で面積が300㎡の土地（路線価は20万円）で、奥行距離が30mであり、さらに間口距離が12mであったという例を考えてみましょう。この場合、間口距離に対して奥行距離の比率が2.5倍の、奥行が長大な土地に該当しますので、奥行長大補正率0.98を乗じて、さらなる調整が必要になります。したがって、評価額＝20万円×0.95×300㎡×0.98＝5586万円ということになります。

・二方向が道路に接した宅地

　角地は、住宅にしても商業施設にしても利用価値が高いとされます。その評価を価格に反映させる修正を側方路線影響加算といいます。計算は次のように行います。

● 奥行価格補正の計算例

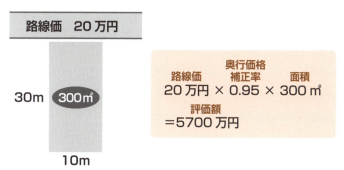

● 側方路線影響加算の計算例

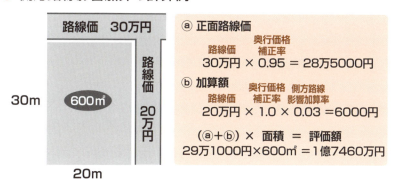

ⓐ 二方向が道路に面しているため路線価が2つありますので、奥行価格補正後の価格が高い方を正面路線価とします。

ⓑ 次に、正面路線価とならなかった方（側方路線価）に奥行価格補正を行い、そこにさらに「側方路線影響加算率」を掛けます。ⓐにⓑを加えたものがこの角地の1㎡あたりの路線価となり、これに面積を掛けて評価額を算出します。

その他、2つの道路に挟まれた土地も、角地と同じく評価が高くなります。この修正を「二方路線影響加算」といいます。計算の方法は側方路線影響加算と同じですが、側方路線価の補正には「二方路線影響加算率」を用います。

5 小規模宅地等の特例

どんな特例なのか

　相続財産の中に被相続人が事業用や居住用に使っていた土地が含まれる場合、それは遺族にとって生活の基盤となる財産であり、簡単に処分できるものではありません。たとえば、被相続人の土地に事務所や工場などを設置し、事業を営んでいた場合、高額な相続税が課されれば、その支払いのために土地を手放さざるを得なくなり、事業が継続できなくなるといった事態が起こり得るのです。居住用であれば、遺族が住む場所を失うことも考えられます。そういった事態を防ぐために、相続した事業用や居住用の宅地等について、一部の面積を一定割合減額して評価できる小規模宅地等の特例があります。

　具体的には、以下のように、宅地等の用途別に減額できる面積やその割合が定められています。

どんなことが要件になっているのか

　小規模宅地等の特例の適用を受けるためには、いくつかの要件があります。まず、被相続人が居住用あるいは事業用に使っていた宅地等を相続人が取得し、申告期限まで居住あるいは事業を継続していることが必要です。また、居住用宅地等については適用される相続人に制限があります。具体的には①配偶者、②同居の親族、③3年以上自分の持ち家に住んでいない別居の親族が対象です。③の適用にはさらに条件があり、①②の両方がいない場合に限られます。

　ただし、③の要件については、持ち家の名義を変更して強引に適用を受けるなど、制度の濫用が問題になっていました。この点については、平成30年度税制改正により適用要件が厳格化され、相続開始前

● 宅地等の用途別に減額できる面積やその割合

1	特定居住用宅地等	被相続人が居住用に使っていた宅地等の場合、330㎡までの部分は80％の減額が受けられる。
2	特定事業用宅地等	被相続人が事業用に使っていた宅地等の場合、400㎡までの部分は80％の減額が受けられる。
3	貸付事業用宅地等	不動産の賃貸や駐車場など、被相続人が貸付事業用に使っていた宅地等の場合、200㎡までの部分は50％の減額が受けられる。

3年以内に3親等内の親族の所有する家屋や自身の経営する会社の所有する家屋に住んでいる者、または相続開始時に居住していた家屋を過去に所有していた者が、小規模宅地等の特例の適用対象外になりました。

また、相続開始前3年以内に新たに貸付事業の用に供された貸付事業用宅地等についても適用対象外になりました。ただし、相続開始の日まで3年を超えてもとから貸付事業を行っている場合除きます。

具体例でみる

居住用宅地等を例に、具体的なケースを見てみましょう。

まず、敷地面積が特例範囲内のケースを考えてみましょう。面積300㎡で評価額5000万円の居住用宅地等の場合、5000万円×80％＝4000万円の評価減です。次に、敷地面積が特例範囲を超えているケースでは、面積400㎡で評価額5000万円の居住用宅地等の場合、5000万円×（330㎡／400㎡）×80％＝3300万円の評価減です。

また、相続人が2人以上いるケースもあるでしょう。相続人が複数人いた場合は、一人ひとりに330㎡の特例適用が認められるわけではなく、協議の上、合計330㎡までの適用となります。

6 貸宅地や貸家などの評価

借地についての評価

　借りている土地を相続した場合、それが借地権の設定されている土地（借地）である場合は相続税の課税対象になります。借りている土地でも借地権が設定されていなければ相続税はかかりません。

　借地権とは、自ら建物を所有するため、他人（貸主）の土地に設定された賃借権や地上権のことです。貸主から一方的に退去を迫られるなど借地人の不利益を防ぐため、借地借家法などの法律で手厚く保護されており、相続税上も相続財産として扱うことになります。

　とはいえ、自分で所有している土地と異なり、借地の使用には制限がかかります。そのため、通常の土地の評価額に「借地権割合」を掛けて減額したものが評価額になります。借地権割合は地域によって定められており、路線価図上にAからGまでの7区分で表示されています。

貸宅地についての評価

　反対に、他人に貸している土地を相続するケースもあります。それが借地権の設定されている土地（貸宅地や貸地）である場合、借地人の権利が保護されており、貸主はその土地を勝手に処分することはできないため、土地の通常の評価より価値が下がると考えます。貸宅地の評価額は、通常の土地の評価額から、借地人の持っている権利分の金額を差し引きます。

家屋についての評価

　家屋の評価は、固定資産税評価額に一定の倍率（現在は全国一律で

● 貸宅地・貸家などの評価

	評価方法
借地の評価	その土地の通常の評価額 × 借地権割合
貸宅地の評価	その土地の通常の評価額 × (1－借地権割合)
借家の評価	その建物の固定資産税評価額 × 借家権割合
貸家の評価	その建物の固定資産税評価額 ×(1－借家権割合) ※アパートの場合 　アパートの評価の固定資産税評価額 × 　(1－借家権割合 × 賃貸割合)

1倍)を掛ける「倍率方式」で計算します。家屋のうちマンションの場合は、土地と建物の2つで構成されていますので、別々に評価額を計算した上で、それらを合計します。土地については、土地全体の評価額に自分の持分割合を掛けたものが評価額です。建物については、各戸ごとの固定資産税評価額が定められていますのでそのまま使います。

貸家についての評価

　他人に貸している家屋（貸家）は貸宅地と同じように考え、通常の家屋の評価額から減額します。まず、固定資産税評価額に国税庁が定める「借家権割合」を掛けたものを借家の評価額とします。この借家の評価額の分だけ貸家の評価額が減額される（貸家の評価減額）ことから、固定資産税評価額から評価減額を差し引きます。その金額が貸家の評価額になります。現在、借家権割合については、全国ほとんどの地域で30％となっています。

　アパートの場合は、借家人の入居状況によって修正します。入居率が低ければ、それだけ貸主の処分権が制限される割合が少ないと考えるのです。この場合、貸家の評価減額に「賃貸割合」を掛けるため、アパートの場合における貸家の評価額は上図のようになります。

7 株式や公社債の評価

上場株式はどのように評価するか

　上場株式とは、金融商品取引所（証券取引所など）に上場されている株式をいいます。上場株式の評価額は、①課税時期（被相続人の死亡の日）の最終価格（終値の時価）、②課税時期の月の毎日の終値の平均時価、③課税時期の月の前月の毎日の終値の平均時価、④課税時期の月の前々月の毎日の終値の平均時価のうち最も低い価額となります。なお、課税時期に最終価格がない場合やその株式に権利落（新株を取得する権利を失った状態のこと）などがある場合には、一定の修正をすることになっています。

非上場株式はどのように評価するか

　取引相場のない株式などの非上場株式は、その株式の発行会社の経営支配を有する同族株主等であれば原則的評価方式で、それ以外の株主であれば特例的な評価方式の配当還元方式により評価します。

① **原則的評価方式**

　原則的評価方式は、評価する株式を発行した会社を総資産価額、従業員数、取引金額、業種により、大会社、中会社、小会社のいずれかに区分して、次の評価方式により行います。

　類似業種比準価額方式は、類似業種の株価に基づき、1株当たりの「配当金額」「利益金額」「純資産価額（簿価）」の3つで比準して評価する方法です。

　純資産価額方式は、会社の総資産や負債を原則として相続税の評価に洗い替えて、その評価した総資産の価額から、負債や評価差額（株式の時価と簿価との差額のこと）に対する法人税額等相当額を差し引

● **原則的評価方法**

会社区分	会社区分
大会社	類似業種比準価額方式
小会社	純資産価額方式
中会社	類似業種比準価額方式と純資産価額方式の併用

いた残りの金額により評価する方法です。

② **特例的な評価方式の配当還元方式**

　同族株主等以外の株主が取得した株式については、その株式の発行会社の規模にかかわらず、特例的な評価方式の配当還元方式で評価します。配当還元方式は、その株式を所有することによって受け取る1年間の配当金額を、一定の利率（10％）で還元して、元本である株式の価額を評価する方法です。

公社債、利付公社債はどのように評価するか

　公社債とは、資金調達するために、国、地方公共団体、会社などが発行する債券です。公社債は、銘柄ごとに券面額100円当たりの単位で評価します。

　利付公社債とは、定期的に利子が支払われる債券で、利払いは年間の一定期日に行われます。

① **上場公社債（利付公社債）**

　利付の上場公社債は、以下の算式により評価します。

　（課税時期の最終価格＋源泉所得税相当分控除後の既経過利息）×券面額÷100円

② **非上場公社債（利付公社債）**

　利付の非上場公社債は、以下の算式により評価します。

　（発行価格＋源泉所得税相当分控除後の既経過利息）×券面額÷100円

8 預金やゴルフ会員権の評価方法

預金などの金銭債権の評価

　預金（貯金）などの金銭債権の評価方法については、預金と貸付金債権等によって異なります。
　普通預金（郵便貯金）は、課税時期の残高により評価します。これに対し、定期預金（定期郵便貯金）は、利率が普通預金（郵便貯金）より高いため、課税時期の残高と同時期に解約するとした場合の利息の額から源泉徴収税相当額を控除した金額の合計により評価します。
　貸付金、売掛金などの貸付金債権等の価額は、返済される予定の元本の価額とそれに対する利息の合計額で評価します。ただし、貸し付けた相手先が破産した場合などの一定の理由により、その貸付金債権等の金額の全部あるいは一部が回収できない金額については、評価額に含めないことになっています。

ゴルフ会員権の評価

　ゴルフ会員権の評価方法は次のとおりです。
・取引相場のある会員権
　課税時期の取引価格の70％に相当する金額によって評価します。
　ただし、取引価格に含まれない預託金等があるときは、次に掲げる金額との合計額によって評価します。
① 　課税時期においてただちに返還を受けることができる預託金等
　ゴルフクラブの規約などに基づいて、課税時期において返還を受けることができる金額によって評価します。
② 　課税時期から一定の期間を経過した後に返還を受けることができる預託金等

● 預金、貸付金債権等、ゴルフ会員権の評価額

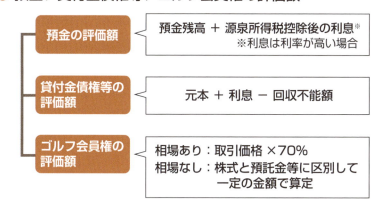

　ゴルフクラブの規約などに基づいて返還を受けることができる金額の課税時期から、返還を受けることができる日までの期間（1年未満の端数は切り上げ）に応ずる基準年利率による複利現価の額によって評価します。

・取引相場のない会員権

① **株主でなければゴルフクラブの会員となれない会員権**

　財産評価基本通達の定めにより評価した、課税時期における株式の価額に相当する金額によって評価します。

② **預託金等を預託した株主でなければ会員となれない会員権**

　株式と預託金等に区分して、それぞれ次に掲げる金額の合計額によって評価します。

　　ⓐ　株式の価額は「取引相場のない会員権」の①に掲げる方法で計算した金額

　　ⓑ　預託金等は「取引相場のある会員権」の①あるいは②に掲げる方法で計算した金額

③ **預託金等を預託しなければ会員となれない会員権**

　取引相場のある会員権の①あるいは②に掲げる方法で計算した金額によって評価します。

9 生命保険金や死亡退職金と相続税

生命保険金が課税対象になる場合とは

　故人（被相続人）を被保険者とする生命保険金を受け取った場合、保険契約者（保険料の支払人）が被相続人かどうかにより、相続税、所得税、贈与税のうちいずれかの税の課税対象とされます。

　まず、保険契約者が被相続人の場合は、みなし相続財産として相続税が課税されます。

　次に、保険契約者が被相続人以外で、保険契約者が保険金受取人である場合は所得税が課税されます。一時金として受け取れば一時所得となり、受取保険金から払込保険料総額を差し引いた金額から50万円を控除した金額の2分の1が一時所得の金額となります。年金として受け取ったときは雑所得となり、受取保険金から払込保険料総額を差し引いたものが雑所得の金額となります。

　そして、保険契約者が被相続人以外で、保険契約者が保険金受取人と異なるときは、保険料負担者から贈与を受けたとして贈与税が課税されます。受取保険金額がそのまま贈与税の課税対象となります。

死亡退職金が課税対象になる場合とは

　被相続人の死亡によって、遺族が被相続人の退職金を受け取る場合がありますが、被相続人の死亡後3年以内に支給が確定したものは、相続財産とみなされて相続税の課税対象になります。

　それ以後に支給が確定した退職手当等については、相続税ではなく、受け取った人の一時所得として扱われ、受け取った退職金をもとに計算した金額の2分の1（勤務年数が5年以下の一定の役員は受け取った退職金をもとに計算した金額の全額）に対して、所得税が課税されます。

● **契約する生命保険の内容により税金が変わる**

保険契約者	保険金受取人	対象となる税金
被相続人	相続人	相続税
被相続人以外	左記と同一人物	所得税
被相続人以外	左記と別の人物	贈与税

● **死亡退職金の対象となる税金**

退職金の支給の時期	対象となる税金
被相続人の死亡後3年以内に支給が確定したもの	相続税
上記以外のもの	所得税

相続税の課税対象になる場合は非課税限度額がある

　相続税の課税対象になる生命保険金には非課税限度額があり、相続人が受け取った金額の合計が「500万円×法定相続人数」以内であれば相続税が課税されません。相続人が受け取った退職金（死亡退職金）の金額も同様に扱われます。なお、相続放棄者がいても法定相続人の数に含まれるので、含めた人数で非課税限度額を計算します。
　したがって、被相続人が、生前に相続人を受取人とする生命保険金を支払うことで、非課税限度額を利用した相続税対策が可能です。

相続人を受取人とする生命保険のメリット

　生命保険は、相続開始後に短期間で現金を受け取ることができるメリットがあります。被相続人が死亡すると、銀行は被相続人名義の預金口座を凍結するので、遺産分割協議が終了するなど、遺産の分割方法が確定するまで、預金を引き出すことができません。預貯金の仮払い制度の創設（⇨P.136参照）により、預金の引き出しが前もって行えるようにはなりましたが、葬儀費用や当面の生活費のことを考慮すれば、生命保険のほうが相続人にとって利便性が高いといえます。

10 相続税額の計算

課税価格を算出するには

　相続税は、相続や遺贈によって、一定額を超える財産を取得した場合に支払わなければならない税金であり、具体的な課税額を計算するためには、①課税価格を算出した後に、②納税義務を負う各個人の実際の納税額を算出します。そこで、相続税額の計算は、課税価格の算出からスタートします。課税価格とは、相続税の対象になる相続財産を指します。注意点としては、相続人が相続した財産のうち、すべてが対象になるわけではないということです。相続税の課税価格は、本来の相続財産（不動産や現金などの遺産）、みなし相続財産、相続税の課税対象に加える贈与財産（相続時精算課税を選択して贈与を受けた財産など）の額を加算した価格（⇨ P.200参照）から、非課税財産、債務、葬式費用などを差し引くことで算出できます。

　みなし相続財産の例として、死亡保険金や死亡退職金が挙げられます。死亡保険金や死亡退職金については、相続人が受け取った金額が、500万円×法定相続人」を超える金額について、相続税の課税対象になります。

相続開始前3年以内の贈与財産は課税対象

　相続税の課税対象に含まれる贈与された財産の額については、注意が必要です。まず、生前贈与された財産に関しては、相続開始時（被相続人の死亡日）から遡って3年以内に贈与された財産の価額に限り、相続税の課税対象に含まれます。一方、遺贈により取得した財産の価額については、すべて相続税の課税対象になります。

　また、相続時精算課税を選択して贈与を受けた財産については、相

● **相続税の課税価格**

```
相続により取得した財産
├─ 本来の相続財産（遺産）　┐
├─ みなし相続財産　　　　　│
├─ ・相続開始前3年以内に　 │　相続税の課税価格 ＞ 基礎控除額
│　　贈与された財産　　　　├─⇒ 相続税の課税対象
│　・遺贈された財産　　　　│
├─ 相続時精算課税を選択して│
│　 贈与を受けた財産　　　 ┘
└─ 葬式費用
　　債務・非課税財産
```

続開始時に贈与税・相続税が一体的に課税されますので、過去の贈与に関しても、相続税の課税対象に含められます。

非課税財産、債務控除、葬式費用

相続税は相続を原因に個人が取得した資産に対して課税されますが、墓地、墓石、仏壇などは、課税にふさわしくない**非課税財産**として、相続税の課税対象から除かれます。その他、相続人が相続した被相続人の債務や、被相続人の葬式などにかかった費用も、原則として相続税の課税対象から除かれます。

課税価格から基礎控除額を差し引き、課税遺産総額を算出する

相続税の課税価格を算出しても、ただちに全額が相続税の課税対象になるわけではありません。相続税法は、一定の価格を超える財産の取得に課税を行うとしており、課税の有無を決定する線引きに用いられる金額（**基礎控除額**）は「3000万円＋600万円×法定相続人の数」により算出され、「課税価格－基礎控除額」により求めた課税遺産総額がプラスになる場合にはじめて相続税の納税義務が発生します。

11 各人の相続税額の算出

速算表を利用して相続税の総額を計算する

　相続税の課税価格から基礎控除額を差し引いて課税遺産総額を算出した後は、それぞれの相続人の相続税額を計算していきます。

　まず、課税遺産総額を法定相続分に従って相続したものと扱い、それぞれの相続人が取得する金額を算出します。この場合、特定の相続人が相続放棄などにより相続権を失っている場合でも、その事情は考慮することなく、いったんすべての相続人が法定相続分に従って相続財産を取得したものとして算出する点に注意が必要です。

　次に、相続税の総額を算出します。これは各相続人の（法定相続分に従う）取得金額について、一定の税率を掛けることによって求めることができます。相続税の税率については、速算表を用いると便利です（次ページ図）。速算表は国税庁のホームページなどで確認することができます。たとえば、特定の相続人の取得分が1000万円以下の場合、税率は10％です。

　ここで、税額の計算において注意すべき点は、単純に税率を掛ければよいのではなく、取得金額に応じて、一定の**控除額**が認められていることです。たとえば、取得分が3000万円以下の場合、税率は15％ですが、さらに税率を掛けた後の金額から「50万円」を控除することができます。それぞれの相続人について税額の計算を行い、算出された金額の合計額が「相続税の総額」になります。

　しかし、実際のところ、法定相続分に従って相続財産が分割されるとは限りません。そこで、実際の相続財産の配分率を考慮した上で、実際の相続税額を計算します。具体的には、先に算出した相続税の総額に実際の相続財産の配分率を掛けることで、それぞれの相続人の実

● **相続税の速算表**

法定相続分に基づく相続財産の取得金額	税率	相続税額の控除額
1,000万円以下	10%	控除なし
3,000万円以下	15%	50万円
5,000万円以下	20%	200万円
1億円以下	30%	700万円
2億円以下	40%	1,700万円
3億円以下	45%	2,700万円
6億円以下	50%	4,200万円
6億円超	55%	7,200万円

際の相続税額を求めることができます。

具体例で計算してみる

　ここでは、各相続人の相続税の納付額について、具体例を確認していきましょう。

　たとえば、相続財産5億円を遺して夫が死亡し、相続人として妻と子1人がいるときに、遺産分割協議により配偶者が60％（3億円）を取得し、残りの40％（2億円）を子が取得したものとします。

　この場合、課税価格から基礎控除額を除いた課税遺産総額は、法定相続人が2名ですので「5億円 －（3,000万円 ＋ 600万円 × 2）＝ 4億5,800万円」になります。法定相続分に従った場合における各相続人の取得額は、配偶者・子ともに「4億5,800万円 × 2分の1 ＝ 2億2,900万円」です。

　次に、相続税の総額を算出しますが、速算表によると、法定相続分に基づく取得金額が3億円以下の場合は、税率が45％で、控除額が2,700万円です。したがって、配偶者・子ともに、速算表に基づく相続税額は「2億2,900万円 × 0.45（45％）－ 2,700万円 ＝ 7,605万円」

になります。したがって、相続税の総額は「7,605万円×2＝1億5,210万円」になります。

　最後に、実際の相続分の配分率に従って、実際の相続税額を算出すると、各相続人の相続税の額は以下のようになります。

・配偶者（妻）：1億5,210万円×0.6（60％）＝9,126万円
・子：1億5,210万円×0.4（40％）＝6,084万円

相続税の2割加算とは

　実際の相続税額の計算を行う際に、前述のケースとは異なり、配偶者や一親等の血族（原則として故人の子や両親のこと）以外の人が相続や遺贈を受ける場合は注意が必要です。相続税法により、相続や遺贈を受けた人の相続税額を算出するにあたり、配偶者や一親等の血族以外の人については、相続税額が2割加算されます。これは**相続税の2割加算**と呼ばれています。

　相続税の2割加算が認められる根拠は、相続の制度が、被相続人の死後の配偶者や子などの生活保障を目的のひとつにしている点に基づきます。したがって、配偶者や子以外の人は、配偶者や子の生活保障の基盤になる相続財産から利益を得ているといえるため、より多くの税を負担させても不平等な取扱いとはいえないということです。

　相続税の2割加算の対象になるのは、相続や遺贈により相続財産を取得する人のうち、被相続人の配偶者・父母・子以外の人です。たとえば、被相続人の祖父母、兄弟姉妹、おい・めいや、遺贈を受ける第三者などが該当します。また、被相続人の孫が被相続人の養子として相続人になる場合は、原則として相続税の2割加算の対象に含まれます。ただし、相続開始時点で被相続人の子がすでに死亡していると、孫が代襲相続をすることになりますが、孫が代襲相続人として相続をする場合は、相続税の2割加算の対象にはなりません。

税額控除される場合もある

　実際の相続分に従って相続税額を計算しても、その金額がただちに納付額と同一であるとは限りません。相続税法では、一定の場合に税額控除を認めています。おもな税額控除は以下のとおりです。

・**配偶者の税額軽減**

　被相続人の配偶者に関して、実際の相続税額を計算した結果、取得する相続財産が1億6,000万円あるいは法定相続分に相当する金額のいずれか大きい額までは、相続税の税額軽減が認められます。つまり、最大で1億6,000万円まで相続税がかからないことになります。

　前述のケースで、配偶者の具体的な相続税額は9,126万円と算出されましたが、これは法定相続分（前述のケースでは5億円×2分の1＝2億5,000万円）にも1億6,000万円にも達していませんので、実際に配偶者が納付する相続税額は「0円」になります。

・**未成年者控除**

　相続人が未成年者の場合は、成人になるまでの年数に10万円を掛けた金額について、相続税額から控除を受けることができます。

・**贈与税に関する税額控除**

　相続財産の課税価格を算出する際は、相続開始時点（被相続人の死亡日）から遡り、3年以内に行われた贈与により取得した財産の価額を加算して算出する必要があります。しかし、対象になる贈与を受けていた人が、同一の財産について、贈与税と相続税が二重に課税されるおそれがあります。そこで、対象になる贈与について贈与税を支払っている場合には、実際の相続税の額から、贈与税に相当する金額が控除されます。

　その他にも、障害者控除、外国税額控除、10年以内に続けて相続が起こった場合に2回目以降の相続税の一部が控除される相次相続控除が認められています。

12 贈与税のしくみ

贈与税のかかる財産とは

　贈与税は、他人から財産を譲り受けた（贈与を受けた）人が、申告・納税を行う税金をいいます。贈与税は、財産をもらった人が納めます。贈与税は、「富や所得の再配分を行うため」という相続税と同様の目的を持ち、相続税の補完税ともいわれます。贈与税が「相続税法」に定められているのがその表れです。贈与税は、人の意思で自由に贈与を行うことにより納めるものですから、相続税と比べて税率は高くなっています。

　贈与税のかかる財産には、当然に贈与税がかかるとすべきである「本来の贈与財産」と、贈与財産とみなされるべきである「みなし贈与財産」があります。

　「本来の贈与財産」とは、金銭や売却すれば金銭に換算できるすべてのものをいいます。金銭を贈与すれば、受け取った人には当然に贈与税がかかりますし、売却すれば金銭に換算できる不動産などを贈与すれば、受け取った人には当然に贈与税がかかります。

　これに対して「みなし贈与財産」とは、実態としては贈与を受けていると同じ状況で、利益を受けていることをいいます。「みなし贈与財産」の代表例としては、生命保険金が挙げられます。

贈与税のかからない財産もある

　贈与税のかからない財産には、①「贈与税の非課税財産」に該当する財産と、②「贈与税の非課税制度」に該当する財産があります。
① 　贈与税の非課税財産
　通常、金銭を贈与した場合には贈与税がかかりますが、夫婦間や親

● 贈与税のかからない財産

贈与税がかからない財産
- **① 贈与税の非課税財産**
  - (例)・夫婦間や親子間などの扶養義務がある親族の間での生活費や教育費のやりとり
  - ・葬儀の際の香典、入院の際のお見舞金
- **② 贈与税の非課税制度**
  - **住宅の購入資金** ※子や孫が20歳以上に限る
    - ⇒ 2021年12月31日までの住宅の新築、購入(取得)、増改築に関して、所定の額が非課税になる
  - **教育資金** ※子や孫は30歳未満に限る
    - ⇒ 2019年3月31日までの一括贈与について、500万円あるいは1,500万円までが非課税になる
  - **結婚・子育てのための資金** ※子や孫は20歳以上50歳未満に限る
    - ⇒ 2019年3月31日までの一括贈与について、300万円あるいは1,000万円までが非課税になる

子間などの扶養義務がある親族の間での生活費や教育費のやりとりまでには贈与税はかかりません。さらに、葬儀の際の香典や、入院の際の見舞金などに対しても、贈与税がかからないことになっています。

② 贈与税の非課税制度

　いずれも親の世代から子や孫の世代に対して、住宅の購入資金、教育資金、結婚・子育てのための資金などの贈与(本来は贈与税の課税対象に含まれるべきものです)について、金額や対象者の制限はあるものの、非課税として取り扱うことができるものです。

　たとえば、住宅の購入資金、教育資金、結婚・子育てのための資金については、それぞれ期間限定の非課税措置があります(上図)。ただし、教育資金や結婚・子育てのための資金については、金融機関に子や孫名義の口座を開設する必要があります。

13 贈与税の計算

暦年課税贈与には年間110万円の基礎控除がある

　贈与税は、ある年の1月1日から12月31日までに贈与を受けた場合に、ある年の受け取った財産に応じて贈与税を計算します。贈与税を計算する人は、贈与を受けた人になります。このように贈与税の計算期間は、1月1日から12月31日になっていることから、贈与税の課税方法は原則として、「暦年課税贈与」と呼ばれています。この「暦年課税贈与」で贈与税を計算する場合には、すべての人に対して、無条件で一律に年間110万円の基礎控除という控除項目を計算に取り入れることができます。以下の計算式のように、ある年の受け取った財産を集計して、その後に年間110万円の基礎控除をマイナスすることにより、贈与税の課税対象を算出することができます。

　本来の贈与財産（贈与を受けた金銭、物品、不動産など）＋みなし贈与財産（他の人が保険料を負担して、受け取った保険金など）－基礎控除（110万円）＝贈与税の課税対象

　このように、年間110万円の基礎控除を差し引くことができますので、年間110万円までの贈与には贈与税がかかりません。つまり、贈与税の課税対象の計算結果が「ゼロ」やマイナスの数値になる場合は、贈与税を納めることもありませんし、贈与税の確定申告も不要です。これに対し、贈与税の課税対象の計算結果がプラスの数値になる場合は、その贈与税の課税対象に税率を乗じて、納付する贈与税を計算することが必要です。

● 贈与税の速算表

特例贈与税率
（祖父母や父母から20歳以上の子や孫に対する贈与の場合）

基礎控除後の金額	税率	控除額
200万円以下	10%	—
400万円以下	15%	10万円
600万円以下	20%	30万円
1,000万円以下	30%	90万円
1,500万円以下	40%	190万円
3,000万円以下	45%	265万円
4,500万円以下	50%	415万円
4,500万円超	55%	640万円

一般贈与税率

基礎控除後の金額	税率	控除額
200万円以下	10%	—
300万円以下	15%	10万円
400万円以下	20%	25万円
600万円以下	30%	65万円
1,000万円以下	40%	125万円
1,500万円以下	45%	175万円
3,000万円以下	50%	250万円
3,000万円超	55%	400万円

相続開始前3年以内の贈与に注意する

「暦年課税贈与」で贈与税を計算する場合は、年間110万円の基礎控除という控除項目を計算に取り入れることができるため、年間110万円以下の贈与には贈与税がかかりません。この「年間110万円の基礎控除」を効率的に利用することを考えると、将来の相続税負担を軽減するため、生前に親の世代から子の世代に贈与をすることを検討し、あるいは実際に贈与をすることは一般的なことだといえます。

ただし、親の死亡により相続が発生した場合、子について相続開始前3年以内に親から贈与を受けていた財産がある場合には、その財産を相続財産に加算して相続税の計算を行わなければならない点に注意を要します（⇨ P.168 参照）。この制度を相続税の計算の中で**生前贈与加算**と呼びます。一方、相続開始前3年以内に贈与を受けて、贈与税を納めていたときは、二重課税を防止するため、生前贈与加算の他に**贈与税額控除**という制度により、実際に納付した贈与税を元に計算された金額を相続税からマイナスすることができます。

婚姻期間20年以上なら配偶者控除が受けられる

　贈与税においては、居住用不動産（自分が住んでいる建物やその建物の敷地のこと）を取得したり、新たに居住用不動産を取得するための金銭を夫婦間で贈与した場合、居住用不動産の価額あるいは居住用不動産を取得するための金銭から2,000万円を控除して、贈与税を計算することができます。たとえば、夫から妻に対し、居住用不動産や居住用不動産を取得するための金銭の贈与があっても、妻の贈与税の計算については2,000万円まで贈与税がかかりません。

　この制度を贈与税の計算では「配偶者控除」と呼んでいます。もちろん、妻から夫に対する贈与も「配偶者控除」が適用されます。具体的には、以下の適用要件を満たし、確定申告をすることで「配偶者控除」を利用することができます。

・婚姻期間が20年以上ある配偶者間の贈与であること
・贈与を受けた年の翌年3月15日までに、贈与を受けた人が居住用不動産に住んでおり、その後も住み続ける見込みであること
・過去に同じ配偶者からの贈与について「配偶者控除」を利用していないこと

　計算式は次のようになります。「暦年課税贈与」で贈与税を計算する場合、年間110万円の基礎控除に先だって、最高2,000万円の「配

偶者控除」を計算に取り入れることができるため、合計して年間最大2,110万円以下の贈与には贈与税がかかりません。なお、「配偶者控除」を適用するには、計算結果が「ゼロ」やマイナスでも確定申告が必要です。

・配偶者控除を取り入れた計算式
　贈与を受けた居住用不動産 － 配偶者控除（2,000万円）－ 基礎控除（110万円）＝ 贈与税の課税対象

贈与税はどのように計算するのか

ここでは、実際に贈与税を計算してみることにします。

【ケース　贈与税の計算例】
例　父から22歳の子へ金銭として1,000万円の贈与があった場合

・計算式
1,000万円（贈与を受けた金銭）－ 110万円（基礎控除）
＝ 890万円（基礎控除後の財産）
890万円 × 30%（速算表より）－ 90万円（速算表より）
＝ 177万円（贈与税）

手順1　贈与により受け取った金銭の価額から基礎控除の金額を控除する。
手順2　贈与税の速算表により、基礎控除後の財産に対して、該当する税率を乗じて、控除額を差し引きする。
※具体例については、父から20歳以上の子に対する贈与に該当するため、「特例贈与税率」の表を使用する必要がある。

14 相続時精算課税制度

贈与税の課税制度には2つある

　贈与税の課税制度には、**暦年課税制度**と**相続時精算課税制度**があります。贈与税は、原則的には暦年課税制度により課税されるものであり、1年間に贈与を受けた金額から110万円の基礎控除を控除して贈与税を計算します。これに対して、例外的な課税制度として相続時精算課税制度があります。これは生前贈与を円滑に行うことを目的として創設された制度です。相続時精算課税制度では、生前の贈与において暦年課税制度と同様の110万円の基礎控除は適用されずに、相続時までに贈与された財産から合計で2,500万円の特別控除が認められる制度です。特別控除を控除した後の贈与された財産の部分については、一律に20％の税率で贈与税を納めることになります。

　相続時精算課税制度を利用している場合に、生前に贈与した人が死亡したときは、今までに贈与されたすべての財産の贈与した時点での価額と残っている相続財産を合計して計算した相続税から、今までに納めた贈与税を差し引いて相続税を計算することになります。相続時精算課税制度を利用するには、次の要件を満たす必要があります。

● 暦年課税制度と相続時精算課税制度の相違点

	暦年課税贈与制度	相続時精算課税制度
贈与税の計算	毎年110万円の基礎控除が使える	総額で2,500万円の特別控除が使える
	基礎控除を超える部分は、超過累進税率10％〜55％で課税	2,500万円を超える部分は、一律20％の税率で課税
相続税の計算	相続開始前3年以内の贈与は加算される	贈与されたすべての財産が加算される

・贈与をする人がその年の1月1日に60歳以上の父母や祖父母である
・贈与を受ける人がその年の1月1日に20歳以上の子や孫である
・贈与を受け、翌年の2月1日〜3月15日に届出書を提出すること

この制度は、子から見て父からの贈与には相続時精算課税制度を選択して、母からの贈与には暦年課税制度の適用をうける、などとすることができます。ただし、一度相続時精算課税制度を選択すると撤回することができないため、利用する際には慎重な判断が必要です。

具体例で確認してみる

実際に相続時精算課税制度を利用した場合には、贈与税はどうなるのか、相続の際にはどうなるのかを確認してみましょう。

【ケース　相続時精算課税の計算例】

例　62歳の父から22歳の子へ金銭として3,000万円の贈与があった

・計算式
3,000万円（贈与財産）− 2,500万円（特別控除）
= 500万円（特別控除後の財産）
500万円 × 20%（一律税率）= 100万円（贈与税）

point 1 贈与により受け取った金銭の額から基礎控除110万円を差し引くことはできない。

point 2 基礎控除110万円の代わりに、2,500万円までの特別控除を差し引くことができる。

point 3 税率表は使用せずに、一律に20%の税率になる。

※父が上記の贈与をしてから10年後に死亡した場合、3,000万円の贈与財産を父の相続財産に含めて相続税を計算する。ただし、贈与税として納付した100万円は、相続税から差し引くことができる。

15 贈与税の申告方法

どんな場合に申告をするのか

　贈与税は、原則として1年間（1月1日から12月31日の間）に贈与を受けた財産を対象に課税されます。もっとも、贈与税には基礎控除額として年間110万円の控除が認められていますので、110万円を超える財産の贈与を受けた場合に、はじめて贈与税の申告・納付の対象になります。110万円以下の財産の贈与を受けた人については、申告・納付の必要はありません。

　贈与税の申告は、実際に財産を譲り受けた翌年の2月1日から3月15日までの間に申告を行う必要があります。納付についても、この期間内に行います。申告期限までに申告を行わなかったり、贈与を受けた額よりも少額の金額を申告した場合には、加算税が課されるおそれがあります。また、納付が納税期限よりも遅れた場合には、延滞税が課せられる可能性もあります。

　贈与税の申告の際には、贈与を受けた人の住所を所管する税務署に対して申告書を提出します。申告書は、税務署に持参することも可能ですが、税務署の時間外収受箱へ投函する方法、郵便などにより送付する方法、さらにはe-Taxを利用することで、ネット上から申告を行うこともできます。

　納付の方法に関しても、多様な方法が用意されており、現金で納付する場合には、納付書を添付して、税務署の窓口、あるいは、銀行などの金融機関や郵便局の窓口にて納付を行います。また、納付金額が30万円以下の場合には、コンビニ納付を利用することもできます。さらに、e-Taxやクレジットカードを用いた納付方法を選択する場合には、納付手続きについても、ネット上で終了させることが可能になります。

● 贈与税の申告・納付

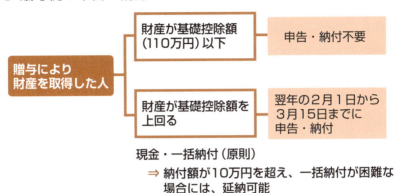

延納などの制度もある

　贈与税の納付は、他の税金と同じく、現金（金銭）によって1回で納付する（一括納付）ことが原則です。しかし、あまりに一度に負担する納付額が多額になってしまう場合には、延納という方法を用いることができます。

　延納とは、納付額が10万円を超え、現金により1回で納付することが困難な事情がある場合に、5年以内の期間で、毎年一定の金額を納めることにより、贈与税の納付を行うことをいいます。とくに納付額が100万円を超え、または納付期間が3年を超える場合には、不動産（土地・建物）などの財産を担保として提供する必要があります。なお、延納制度を利用した場合には、年率6.6％の利子税がかかることになるため注意が必要です。

　延納を希望する場合には、贈与税の納付期限までに、延納申請書を所轄の税務署に提出する必要があります。また、担保の提供が必要になる場合には、延納申請書に添付書類として、担保提供関係書類（不動産であれば登記事項証明書など）を提出します。延納が可能かどうかは、税務署長が申請に対して許可あるいは却下の判断を下し、許可された場合に、はじめて延納が認められます。

16 相続税の申告方法

相続税の納付方法

　相続税は、相続の発生（被相続人の死亡）によって財産を取得した人、被相続人の死亡日から3年以内に被相続人から財産の贈与を受けた人が納める税金です。ただし、相続財産を取得した場合に常に相続税の申告・納付が必要になるわけではなく、原則として、被相続人の相続財産全体が基礎控除額（3000万円＋600万円×法定相続人の人数）を超える金額になる場合に限られます。相続財産全体が基礎控除額以下の場合には、納付の義務も申告の義務もありません。

　相続税の申告期限は、被相続人が死亡した事実を知った日の翌日から10か月以内です。相続税の納付期限も申告期限と同様です。そのため、申告さえ行っていれば、納付までに時間的猶予が生まれるということはなく、申告・納付まで含めて10か月以内に手続きを完了させなければならないという点には注意が必要です。申告期限を経過しても申告を怠っていたり、実際に取得した相続財産の価額よりも低い金額を申告していた場合には、延滞税や加算税が課されることになります。

　また、申告期限を過ぎてしまうと、配偶者の税額軽減（⇨P.193参照）や小規模宅地等の特例といった優遇措置を受けることもできなくなります。これらの優遇措置の効果は比較的大きく、申告期限を超過した場合の大きなデメリットといえますので、できるだけ期限内での申告・納付を優先するべきです。たとえば、遺産分割協議がまとまらない場合には、いったん法定相続分に従って、相続財産を分割したものとして申告を行い、後に遺産分割協議に基づく分割方法に従って、申告内容を訂正する（修正申告や更正の請求）という方法をとること

● 相続税の申告・納付

相続税の申告・納付義務 ⇒ 基礎控除額（3000万円＋600万円×法定相続人の人数）を超える金額の財産を取得した場合

申告・納付期限
被相続人が死亡した事実を知った日の翌日から10か月以内

【原則】金銭により一括して納付
＊一括納付の例外・・・「延納」
＊金銭の例外・・・・「物納」

「被相続人」の住所地を管轄する税務署

※申告額と実際の納税額との差
　⇒修正申告や更正の請求により調整

も可能です。

　もっとも、極めて例外的な事情があり、申告・納付期限の延長が認められる場合には、最大で2か月まで延長可能です。延長が認められる場合としては、自然災害が発生した場合や、相続人の廃除などで相続人の資格を失った場合、反対に相続人の資格を回復した場合など、相続人に異動があった場合などが挙げられます。

　なお、申告期限の延長とは異なり、申告期限にあたる日が土曜、日曜、祝日に該当する場合には、その翌日が期限になります。

　申告手続きは、被相続人の住所地を管轄する税務署に対して行います。注意が必要なのは、申告を行う人の住所地を管轄する税務署ではないということです。申告の際には、申告書の他に、被相続人・相続人の戸籍謄本、遺産分割協議書など必要な添付書類を提出することが必要です。

　そして、相続税の納付については、税務署の窓口で納付することができますが、銀行などの金融機関・郵便局の窓口でも納付することも可能です。また、コンビニにおいて納付することも可能ですが、この

場合には、納付金額が30万円以下の場合に限られており、税務署からコンビニでの納付に必要なバーコード付納付書を発行してもらう必要があります。

現金で一括払いができないとき

相続税の納付は原則として、金銭によって一括で納めることになります。例外的な取扱いとして、相続税の延納と物納という制度が設けられています。

・相続税の延納

相続税の延納とは、相続税額が10万円を超える場合に、相続税の納付が困難な事情がある場合に、相続人の申請が認められると、一括ではなく年賦による支払いが認められるという制度です。もっとも、延納が認められている期間中は、相続税額とは別に、利子税の支払いが必要になることには注意が必要です。

延納が認められるためには、相続税額が10万円を超え、納付が困難な事情があることの他に、延納税額が100万円を超えているか、延納期間が3年を超える場合には、担保を提供しなければなりません。担保として提供できる財産についても制限があり、①国債・地方債、②税務署長が認めた社債などの有価証券、③土地、④建物、立木、登記済みの船舶などで保険に附したもの、⑤鉄道財団、工場財団など、⑥税務署長が認めた保証人による保証に限られています。

・相続税の物納

相続税の納付や延納は金銭により納付するのが原則ですが、金銭による納付が困難な場合には、相続人の申請により、一定の相続財産による物納が認められる場合があります。

物納の申請が可能な財産については、相続税の課税対象である相続財産（日本国内にある物に限られます）のうち、以下の財産・順位が定められています。順位の高い財産から物納の対象になり、順位の低

い財産は、高順位の財産で物納に適した財産がない場合に限って、物納の対象になります。

> 第1順位　不動産・船舶・国債・地方債・上場株式など
> 第2順位　非上場株式など
> 第3順位　動産

　上記の対象に含まれる財産であっても、物納に不適格な財産（管理処分不適格財産といいます）や、他に物納に充てるべき財産がない場合に限って物納の対象にすることができる財産（物納劣後財産といいます）があります。管理処分不適格財産の例としては、土地に抵当権などの担保が付けられている場合が挙げられます。これに対し、物納劣後財産の例としては、土地に地上権、永小作権、地役権などが設定されている場合などが挙げられます。

修正申告や更正の請求について

　相続税として申告した金額が正しくなかった場合の訂正方法として、修正申告と更正の請求が認められています。

・修正申告

　修正申告は、相続税額として申告した税額よりも、実際に支払義務がある金額が多いことが判明した場合に、相続人自らが申告することをいいます。

・更正の請求

　更正の請求は、相続人が税務署長に対して相続税の減額の更正を請求することです。更正の請求が必要になるのは、相続税額として申告した税額が、実際に支払義務がある金額以上であった場合や、申告後に遺留分侵害額請求を受けたなどの事情の変化があり、申告額よりも実際の相続税額が少なくなった場合などが挙げられます。

相続法大改正!
新しい相続・遺産分割のしくみ

2019年2月12日　第1刷発行

編　者	デイリー法学選書編修委員会
発行者	株式会社　三省堂　代表者　北口克彦
印刷者	三省堂印刷株式会社
発行所	株式会社　三省堂

　　　　〒101-8371　東京都千代田区神田三崎町二丁目22番14号
　　　　電話　編集 (03) 3230-9411　　営業 (03) 3230-9412
　　　　http://www.sanseido.co.jp/

〈DHS 相続遺産分割・208pp.〉

©Sanseido Co., Ltd. 2019　　　　　　　　　　　　　Printed in Japan
落丁本・乱丁本はお取り替えいたします。

本書を無断で複写複製することは、著作権法上の例外を除き、禁じられています。
また、本書を請負業者等の第三者に依頼してスキャン等によってデジタル化することは、たとえ個人や家庭内での利用であっても一切認められておりません。

ISBN978-4-385-32006-9